KB082610

예측의
힘

예측의 힘

초판 1쇄 발행_ 2013년 12월 23일
초판 2쇄 발행_ 2014년 2월 5일

지은이_ 차경천
펴낸이_ 이성수
주간_ 박상두
편집_ 황영선, 이홍우, 박현지
디자인_ 이세영
마케팅_ 이현숙, 이경은
제작_ 박홍준
인쇄_ 천광인쇄

펴낸곳_ 올림
주소_ 110-999 서울시 종로구 신문로1가 163 광화문오피시아 1810호
등록_ 2000년 3월 30일 제300-2000-192호(구:제20-183호)
전화_ 02-720-3131
팩스_ 02-720-3191
이메일_ pom4u@naver.com
홈페이지_ www.ollim.com

값_ 13,000원
ISBN 978-89-93027-54-9 03320

이 도서의 국립중앙도서관 출판시도서목록(CIP)은 서지정보유통지원시스템 홈페이지(http://seoji.
nl.go.kr)와 국가자료공동목록시스템(http://www.nl.go.kr/kolisnet)에서 이용하실 수 있습니
다. (CIP제어번호 : CIP2013026922)

미 래 는 예 측 하 는 자 의 것 이 다

예측의
힘

차경천 지음

미래는 미래의 눈으로 보라

"예측, 그거 정확한 거야?", "정말 딱 들어맞어?"

예측을 업으로 하는 필자는 종종 이런 질문을 받는다. 심지어 필자에게 프로젝트를 의뢰하는 회사의 CEO들마저도 간혹 이렇게 묻는 경우가 있다. 왜 그런 질문을 하는 걸까?

우리의 마음속에는 '예측은 틀린다'라는 생각이 깊이 자리하고 있다. 좋았던 기억보다 안 좋았던 기억이 더 오래 가듯, 예측이 맞지 않아 낭패를 보았던 경우가 머릿속에 강하게 남아 있기 때문이다. 실제로 우리는 날씨, 주가, 선거 출구조사, 신도시 개발 후 교통 영향 평가 등에서 예측이 빗나가는 경우를 드물지 않게 경험하곤 한다. 그로 인해 예측에 대해 부정적 인식이나 불쾌한 감정을 갖게 된다. 날씨가 맑을 거라는 일기예보를 보고 준비 없이 나갔다가 비를 만나거나, 전문가의 예측을 믿고 주식을 많이 샀는데 주가가 폭락하는 바람에 큰 피

해를 보고 나면 예측은 도무지 믿을 수 없는 것이 되고 만다.

그럼에도 불구하고 예측이 멈추지 않고 계속되는 이유는 분명하다. 예측 정보가 없다면 우리는 어떻게 행동할까? 기상예보 없이도 우산을 가지고 나갈까? 주식시장에 대한 정보 없이도 과감히 대량의 주식을 살까? 눈치 빠른 독자들은 이미 알아차렸을 것이다. 맞다. 예측이 100% 정확히 맞을 확률은 제로(zero)지만, 미래에 실제로 일어날 일에 가까이 가기 위해서는 예측이 필요하다. 설사 결과가 맞지 않더라도 예측 없이 하는 것보다 덜 틀리기 위해 우리는 예측을 한다. 그리고 실제값과 얼마나 가까운가로 예측의 정확도를 표현한다.

예측은 과거와 현재의 규칙이 미래에도 지켜진다는 가정 위에서 이루어진다. 하지만 미래는 결코 현재와 같을 수 없고, 그런 만큼 예측의 정확도를 높이기 위해서는 '미래를 미래의 눈으로 봐야' 한다. 길은 가본 사람만 알 수 있는 것처럼, 미래도 미래의 눈을 가진 사람에게 물어야 한다. 예측 대상이 가지고 있는 내재적 과정(underlying)을 이해하고 현재와 미래를 연결할 줄 아는 사람이 바로 그런 사람이다.

예측 때문에 울고 웃는 대표적인 곳은 역시 기업이다. 예측의 오차가 그대로 손실로 이어지기 때문이다. 그래서 기업들은 많은 돈을 들여 예측 시스템을 구축하고 다양한 프로젝트를 외부에 의뢰하기도 한다. 하지만 예측이 틀린다고 하소연한다. 투자한 만큼 정확한 예측이 나오기를 바라는 간절한 마음이야 이해하지만, 그전에 왜 그런 결과가 나왔는지에 대해서는 깊이 살펴보려 하지 않고 외면한다. 존재하지 않는 사실이나 부족한 자료를 가지고 미래를 계량적으로 또는 수치적으로 예측하는 일은 쉬운 일이 아니다. 전문가의 예측과 점쟁이의 예언은 엄연히 다르다.

  기업의 의뢰를 받아 예측 프로젝트를 수행하러 가보면 분석해야 할 자료가 없는 경우가 많다. 심지어 어떤 자료로 분석을 해야 하는지 정의(설정)되어 있지 않은 경우도 있다. 그럼에도 불구하고 필자는 예측을 해야만 했고, 또한 틀리는 것을 경험하면서 예측을 해왔다. 그러한 수많은 예측 문제를 해결하면서 발견한 것은 '감 좋은 사람이 있다'는 사실이었다. 수학적으로 복잡한 상관관계모형이나 통계와 마케팅 계량모형 같은 것이 없음에도 기업에는 감 좋은 사람이 있었다! 고백하건대 이들이 없었다면 필자의 프로젝트는 성공을 거두지 못했을 것이다. 이들은 통계적 예측 방법에 대해 공부한 적이 없을 뿐 예측 결과에 영향을 미치는 중요한 사실과 인과관계를 경험적으로 알고 있었다. 필자는 다만 이들의 경험과 감을 수학적, 통계적인 모형으로 만드는 역할을 했을 뿐이다. 감 좋은 사람의 상식과 경험에 어긋나는 예측모형은 결코 좋은 모형이 아니며 결과 또한 좋지 않다는 사실을 인정하지 않을 수 없다.

2007년, 교수의 길을 걷고자 서울대학교 경영전문대학원의 연구교수가 되었을 때 당시 지도교수님께서 하신 말씀이 있다.

"교수가 되고자 한다면 매일 연구노트를 써라."

필자는 그때부터 지금까지 하루도 빼놓지 않고 연구노트를 작성해오고 있다. 그 결과 꽤 두꺼운 노트를 여러 권 갖게 되었고, 그것이 이 책의 저본이 되었다.

이 책은 예측이 우리에게 왜 중요한가, 예측 문제를 해결하기 위해 어떤 정보를 수집해야 하는가, 예측은 어떤 식으로 이루어지는가, 예측 결과를 통해 무엇을 할 수 있는가를 보여주기 위해 쓴 것이다. 다만 비전문가의 이해를 돕기 위해 예측을 위한 구체적인 수식이나 추정(수식에 필요한 가중치를 통계적으로 찾아 완성) 방법은 과감히 생략했음을 밝혀둔다(꼭 필요한 사람은 검색을 통해 어렵지 않게 구할 수 있다).

기업의 중요한 의사결정을 앞두고 고민하는 경영인, 경영전략을 기획하는 실무자, 그리고 관련 분야를 전공하는 대학생과 예측의 현장을 알고 싶은 일반인에게 이 책이 도움이 되기를 바란다.

끝으로 이 책이 나오기까지 함께 고생해준 올림 식구들에게 진심으로 감사한다. 책을 처음 쓰는 필자를 위해 참 많이 애써주었다. 용기를 내어 책을 쓰도록 적극 권해주신 한근태 교수님께도 감사의 말씀을 드린다. "예측은 틀린다. 그렇지만 남들(경쟁자)보다 적게 틀리면 성공하는 것이다"라며 필자에게 예측을 가르쳐주신 KAIST 전덕빈 교수님께 특별한 감사를 드리고 싶다. 마지막으로 사랑하는 선미, 정민, 아미에게 마음속 깊은 사랑을 보낸다.

차경천

1 그것은 예측한 대로 되었다
_ 예측의 힘

도대체 무엇이 문제였을까?
_ 예측의 성패를 좌우하는 변수들

3 얼마나 팔릴까?

_ 신상품 개발 & 수요예측

4 어디에나 베스트는 있다

_ 가격, 소비 행동, 장소 예측

5 미래는 현재에 있다
_ 완벽한 예측을 위하여

그것은
예측한 대로
되었다

예측의 힘

박태환, 올림픽 금메달을 딸 수 있을까?

2008년 3월 한 신문사에서 특집기사를 준비한다며 필자에게 연락을 해왔다. 2008년 베이징올림픽에서 박태환 선수가 우리나라 최초로 수영에서 금메달을 딸 수 있는지 예측해보자는 것이었다. 이런 의뢰가 들어오면 필자는 제일 먼저 충분한 시간을 요구한다. 예측을 위해서는 데이터를 수집해야 하고, 이를 제대로 분석해서 모형을 만들고, 그 모형을 바탕으로 예측을 한 다음 비로소 결과물을 내놓을 수 있기 때문이다.

당시 박태환 선수를 향한 국민적 관심과 지지는 상상 이상이었다. 그런데 문제가 있었다. 예측에 필요한 자료를 구하는 것이 만만치 않았다. 박태환 선수의 최근 훈련 기록은 보안사항으로 외부에 일절 공개되지 않고 있었다. 할 수 없이 국제수영연맹(FIMM)이 기록으로 보유하고 있는 자료를 인터넷을 통해 찾았다. 박태환의 기록뿐만 아니라 경쟁자인 미국의 마이클 펠프스와 호주의 그랜트 해켓의 기록을 찾아내어 그들이 2004년 그리스 아테네올림픽 이후 200m, 400m, 1500m에서 거둔 성적을 정리, 비교했다.

그런데 통계적인 분석을 하기에는 여전히 데이터 수가 너무 적었다. 게다가 찾아낸 기록도 25m 수영장과 50m 수영장이 따로 있었다. 체육과학연구원에 문의해보니 베이징올림픽에서는 50m 수영장을 사용하므로 25m 수영장에서 나온 기록은 제외하고 분석하라는 답변이 돌아왔다. 혹을 떼러 갔다가 붙이고 돌아오는 사람의 심정이 이럴까. 그렇지 않아도 데이터가 부족한 상태에서 25m 수영장에서 나온 기록을 빼기란 여간 아까운 것이 아니었다. 이때 아이디어를 냈다. 25m일 때는 턴을 많이 하니까 기록이 좋아진다. 이것은 따로 반영하고, 200m, 400m, 1500m 기록은 모두 50m당 기록으로 환산하여 모형을 만들기로 했다.

필자는 데이터를 수집하고 나면 항상 그림을 그려본다. 데이터를 이해하기 위해서다. 박태환과 펠프스, 해켓의 기록 그래프를 보면서 이런 생각을 했다. 박태환의 금메달 예측을 위해서는 3가지를 알아야 한다. 첫째는 생애 최고 기록, 둘째는 그 기록을 달성하는 시점이다. 마지막으로 얼마나 빠른 속도로 이전 기록을 갱신하는가 하는 것

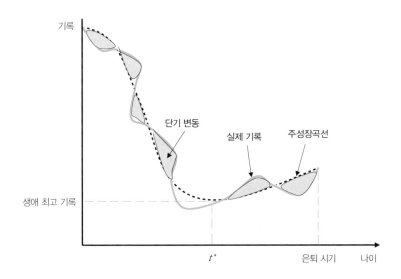

이었다. 이 3가지를 반영한 모형을 궁리했다. 족히 100번은 모형을 바꾸고 다시 만든 것 같다. 위는 그것을 그래프로 나타낸 것이다.

그렇게 해서 결국 박태환의 기록의 약 98%를 설명하는 모형을 개발해낼 수 있었다. 다음의 그래프에서 검정색은 실제 기록이고 파란색은 모형을 통해 추정한 기록이다. 이 둘의 차이, 즉 오차가 작을수록 좋은 모형이라고 할 수 있다. 모형이 좋으면 그만큼 정확한 예측이 가능해진다.

같은 모형으로 펠프스와 해켓의 기록도 예측했다. 그 결과 박태환은 400m에서 금메달을 딸 가능성이 높은 것으로 나타났다. 하지만 200m에서는 펠프스와의 경쟁에서 승산이 없어 보였다. 한 가지 재미

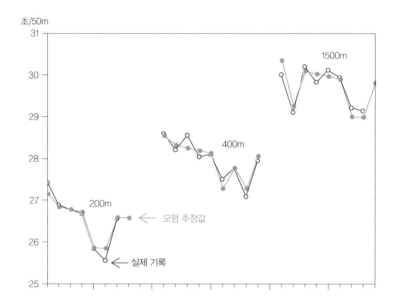

초/50m

1500m

400m

200m

← 모형 추정값

← 실제 기록

있는 사실도 확인할 수 있었는데, 바로 수영선수의 전성기에 관한 것
이었다. 모형에서 예측한 것에 따르면 박태환의 경우 최고 기록을 낼
수 있는 나이는 19.21세였다. 평생 수영선수들을 지도해온 코치들이
공통적으로 말하는 전성기의 나이인 20~21세와 거의 일치하는 결과
였다. 이럴 때 필자는 묘한 쾌감을 느낀다. 해당 분야에 문외한인 필
자의 분석 결과가 오랜 전문가들의 식견과 상통하는 순간의 짜릿함
이란 경험해보지 못한 사람은 모른다.

2008년 5월경 필자는 예측 결과를 가지고 기자들과 함께 태릉선
수촌을 방문했다. 400m 결승전이 열리는 8월 10일을 3개월 여 앞둔
시점이었다. 삼엄한 경계 속에서 몇 차례의 검문을 통과한 후 박태환

선수와 노민상 감독을 만날 수 있었다. 그런데 막상 만나고 보니 결과를 설명하기가 어려웠다. 새벽부터 시작해서 하루 평균 18km의 엄청난 연습량을 소화하고 있는 박 선수에게 차마 당신의 전성기는 이제 6개월 정도 남았다는 말을 꺼낼 수가 없었다. 노민상 감독도 금메달에 대한 부담감 때문인지 필자가 분석한 결과를 듣고 싶어 하지 않는 눈치였다. 기자들이 한참을 설득하고 난 후에야 노 감독은 혼자서만 듣겠다며 선수촌 주차장의 잔디밭으로 나와 앉았다.

설명을 다 듣고 난 노 감독이 필자에게 물었다.

"어떻게 하면 좋을까요?"

"400m에 집중하고, 200m는 선수 기록을 갱신하는 것을 목표로 하시지요."

"저도 그렇게 생각합니다!"

그리고 8월 10일 일요일 아침이 되었다. 필자는 누구보다 가슴을 졸이며 박태환 선수가 출전하는 400m 결승전을 지켜보았다. '금메달'

박태환에게 받은 사인

이었다. 기대하지 않았던 200m는 은메달까지 땄다. 얼마나 기뻤는지 모른다. 금메달도 금메달이지만, 예측 결과에 따라 전략적으로 조언한 것이 적중했다는 사실이 너무도 기뻤다.

필자가 보기에 박태환 선수는 분명 행운아다. 올림픽에 출전하는 선수들 가운데 각고의 노력을 기울이지 않는 사람은 아무도 없을 것이다. 하지만 4년에 한 번씩 열리는 올림픽이 자신의 전성기와 절묘하게 맞아떨어지는 경우는 결코 흔치 않은 일이다.

이승엽은 일본에서 몇 개의 홈런을 칠 수 있을까?

일본에 진출하는 국민타자 이승엽에 대한 관심이 고조되고 있던 2003년 말, 동아일보에서 연락이 왔다. 이승엽 선수의 일본 진출을 기념하여 기사를 준비하고 싶다는 것이었다. 과연 한국의 국민타자라는 위상에 걸맞게 일본에서도 대활약하여 새로운 아시아 홈런 기록을 쓸 수 있을 것인지에 대한 국민적 기대감을 예측으로 풀어보자는 취지였다. 하지만 좋은 의도와 달리 결론을 내기에는 어려운 점이 너무도 많았다.

이승엽 선수가 일본에 진출하면 달라지는 것들이 한두 가지가 아니었다. 우선 구장의 길이가 우리나라보다 평균 5m나 길었다. 일본 투수들의 구속도 5km가 더 빨랐다. 또한 당시 한국에서는 한 시즌에 133경기를 치렀던 반면, 일본은 140경기를 했다. 이에 비추어 전문가들은 대략 30개 정도의 홈런은 칠 것으로 전망하고 있었다. 어떤 전문가는 허리와 관절의 유연성, 임팩트 때 다리 힘의 효과적 활용, 머리 자세의 안정, 타구 스피드를 좀 더 끌어올려야 한다는 분석과 함께 스윙 폭을 줄여야 한다는 조언을 내놓기도 했다. 공을 던질 때 발을 두 번 들어 올리는 일본 투수들의 이중 키킹 동작과 몸 쪽 직구에 대한 대비를 철저히 하고 특정한 배트를 써야 한다는 주장을 하는 전문가도 있었다.

이승엽 선수는 이와 같은 전문가들의 조언과 대비책을 깊이 참고했으리라고 본다. 그러나 필자는 다른 관점에서 이승엽의 홈런 가능성을 계산해보고자 했다. 운동역학적 관점이 아닌, 환경적이고 상대적인 관점에서 과학적인 예측을 시도해보기로 한 것이다.

먼저 2003년 이승엽의 출장일지를 근거로 경기당 홈런 수를 예측하는 수리모형을 개발했다. 이 모형으로 분석해보니 몇 가지 특징이 드러났다. 당연한 이야기지만 이승엽은 경기당 타석 수가 많을수록 홈런을 많이 쳤다. 또 타구장보다 홈구장에서, 야간경기보다는 주간 경기에서 홈런을 더 많이 쳤다. 주중에 비해 일요일과 월요일(프로야구는 보통 월요일이 휴일이지만 당시에는 비로 인해 순연된 경기를 월요일에 치렀다)에 홈런 수가 적었으며, 직전 경기에서 삼진이나 포볼이 많으면 바로 다음 경기에서 홈런을 칠 확률이 높은 것으로 나타났다. 경쟁자

였던 심정수의 홈런 수와 앞뒤 타자(마해영과 양준혁)의 타율도 이승엽의 홈런 수에 영향을 미쳤다. 이 선수들이 잘 치면 이승엽도 자극을 받아 홈런을 더 많이 친 것이다. 시즌 중반으로 갈수록 늘어나던 홈런 수가 종반으로 가면서 서서히 감소하는 현상도 포착되었다. 상대팀도 변수로 작용했는데, 이승엽은 기아와 롯데, SK에 유독 강한 면이 있는 것으로 분석되었다. 하지만 야구장의 크기에 따라 홈런 수가 달라졌다는 사실은 통계적으로 확인할 수 없었다. 작은 곳은 105m, 큰 곳은 125m로 길이의 차이가 있었으나 그것과 홈런 수 사이에 이렇다 할 연관관계를 찾지 못했다.

결과적으로 이승엽이 한국에서 기록한 56개의 홈런은 한국과 일본 투수들의 실력 차가 없다고 가정하고 구장의 길이가 평균 117m에서 122m로 길어진 점과 경기 수가 133에서 140으로 늘어난 점을 감안할 때 일본에서는 57개로 더 많아질 수 있다고 예측되었다. 문제는 이승엽의 경험이었다. 그때까지 한 시즌이라도 일본에서 뛰어본 적이 없는 선수가 과연 새로운 환경에서 얼마큼 실력을 발휘할 수 있는가 하는 문제는 결코 쉽지 않은 것이었다.

이럴 경우에 주로 사용하는 예측 방법으로 비교유추가 있다. 이 방법은 이승엽과 조건이나 실력이 비슷하면서 일본과 한국에서의 실전 경험을 모두 가지고 있는 비교 대상을 찾아 그에 견주어 홈런 수를 예측하는 것이다. 이와 비슷한 예로 한국의 핸드폰 가입자 수의 변화에 비추어 인도의 핸드폰 가입자 수를 예측한 사례가 있다. 언뜻 보면 간단해 보이는 방법이지만 정확한 예측을 위해서는 한국과 일본의 환경적 특수성, 한국과 일본 선수들의 특징 같은 다양한 요인들을 반영해야 한다.

당시 필자는 예측을 위해 비교 대상이 되는 선수들로 3명을 꼽았다. 1997년 한국에서 타율 0.324를 기록하고 곧이어 일본에서 1998년과 1999년을 보낸 이종범, 1998년 한국에 처음 진출하여 42개의 홈런을 기록하고 2002년에 일본에서 40개를 쳐서 홈런왕을 차지한 타이론 우즈, 2002년 SK에서 45개의 홈런을 치고 2003년 일본에 진출하여 32개의 홈런을 친 호세 페르난데스가 그들이었다. 이승엽은 이종범의 타율 변화(1999년 0.238)에 비추어보면 41개의 홈런을 칠 것으로 예측되었으며, 타이론 우즈와 비교하면 53개, 호세 페르난데스에 비하면 40개로 예측되었다. 비교 대상에 따라 예측 결과가 모두 다르게 나왔다. 그렇다면 어느 것이 가장 정확하다고 할 수 있을까?

필자는 이승엽 선수가 일본에서도 40개 이상 칠 것이라는 예측 결과를 내놓았다. 단, 조건을 달았다. 앞서 2003년에 56개 홈런을 쳤을 때의 분석에서도 밝혀졌다시피 일본에서도 홈구장의 이점을 얻어야한다는 것이었다. 홈구장에서 이승엽을 외치며 응원하는 팬들이 있어야 한다고 했다. 야간보다 주간을 더 노리고, 앞뒤 타석의 선수들이 모두 잘해주어야 했다. 루상에 주자가 없는 등 이승엽을 거를 수 있는 상황이 많을수록 그만큼 홈런을 칠 기회가 줄어들기 때문이다. 심정수와 같은 강력한 경쟁자가 있어서 경쟁의 자극을 받을 수 있어야

동아일보 2004. 1. 24.

한다고도 지적했다. 더 많은 출장을 위해 부상을 방지하고 중심 타선에 기용되어야 한다는 당부도 했다. 또 하나, 이승엽이 1999년 54개의 홈런을 치고 나서 다음 해인 2000년에는 36개의 홈런을 쳤다는 사실을 상기시켰다. 기량이 절정에 다다랐더라도 계속해서 최상의 기록을 낼 수 있다는 보장은 할 수 없기 때문이다.

"일본에서도 최소한 40개 이상의 홈런은 친다"는 내용의 예측 기사가 나간 후, 필자는 한동안 네티즌들의 비난성 댓글에 시달려야 했다. 한국에서도 그랬지만 일본의 야구 전문가들도 대부분 이승엽의 홈런 기록을 30개 이하로 내다보고 있었다. 한마디로 필자가 말도 안 되는 이야기를 하고 있다는 식으로 몰아붙였다.

이승엽은 일본 진출 첫해에 16개의 홈런을 기록했다. 모든 예측을 훨씬 밑도는 결과였다. 필자는 말할 것도 없었다. 그때 주변 사람들이 놀리듯 했던 말이 아직도 생생하다.

"틀렸지?"

하지만 이승엽은 2006년 41개의 홈런을 날렸다.

정확도 99% 위스키 시장 예측

우리나라 사람들은 술을 많이 마시기로 이름이 나 있다. 위스키 소비량이 세계 최고 수준이다. 이러한 한국의 위스키 시장에 위기감이 감돌던 2012년, 한 회사로부터 필자에게 시장 전망에 대한 의뢰가 들어왔다.

위스키 시장을 위협하는 최대의 적은 무엇일까? 우선 강력한 유흥업소 단속이나 접대비 한도 규제 등이 시장을 위협할 수 있다. 규제가 심하면 시장은 위축되기 마련이다. 위조 방지를 위한 RFID(radio frequency identification, 전자태그) 부착 의무화도 시장 내 유통에 미묘한 변화를 불러일으킨다. 와인이나 막걸리 열풍도 위스키 시장에는 악재라고 할 수 있다. 그리고 마지막으로 스크린골프다.

직장인의 회식 문화는 시대의 흐름에 따라 많은 변화를 거쳐왔다. 예전 같으면 1차로 음식점에서 식사를 한 다음 2차로 단란주점이나 바에 가서 위스키를 마시는 것이 예사였다. 그러던 것이 최근에는 스크린골프장이나 PC방으로 가서 시뮬레이션 게임을 하는 문화로 바뀌어가고 있다. 사회적으로 술을 권하던 분위기에서 웰빙을 강조하는 분위기가 고조되는 현상도 한몫을 하고 있다고 할 수 있다.

필자는 분석을 위해 그러한 정책적 이슈와 시대적 추세, 그리고 위스키 가격, 연말이나 연초의 회식 문화, 주가와 경제성장률이 시장에 미치는 후행효과(Lagged effect. 시점이 지나서 효과가 발생하는 현상) 등을 감안했다. 더불어 12년산과 17년산 간의 대체 또는 경쟁 효과도 참작했다. 이들 사이에도 엄연한 가격 차가 존재하기 때문이다. 그리고 예측모형을 만들기 위해 3년간의 월별 판매자료를 수집하고, 미팅이 있을 때마다 논의를 거쳐 수요에 영향을 미치는 정책이나 마케팅 전략을 선별하고 이를 변수로 만들었다. 필자는 이 모든 과정을 직접 수행했다.

언젠가 한번은 마케팅 비용이 들어가는 지면광고의 효과를 즉시 검증할 필요가 있었다. 그 자리에서 노트북을 꺼내 변수를 만들고 모형을 바꾸고 통계적으로 추정하여 결과를 바로 산출했다. 그런 모습을 가만히 지켜보던 담당 직원이 의아하다는 듯 필자에게 왜 그런 걸 혼자서 다 하느냐고 물었다. 다른 교수들이 조교들에게 지시만 하는 모습에 익숙해 있던 그에게는 다소 생소한 장면이었을지 모른다. 필자가 이렇게 하는 이유는 다른 것이 아니다. 분석하는 시간과 회의하는 시간의 간극을 없애는 것은 물론 현장의 경험과 제기된 의문점이 동시적으로 확인될 수 있어야 좋은 결과가 나온다고 믿기 때문이다.

예측 결과가 나오면 마지막으로 정확도를 측정하게 되는데, 여기서 일반적으로 사용하는 공식*이 있다. 공식을 사용하여 실제값과 얼마나 차이가 날 수 있는지를 계산하고 결과에 반영한다.

예전에는 의뢰한 회사에 예측 결과를 알려주면 한참이 지난 뒤에 확인하곤 했는데, 이제는 그 자리에서 바로 확인하는 경우가 많다. 임직원들 모두가 참석한 전체 미팅에서 공개하는 경우도 있다. 필자가 가장 긴장하는 순간이다. 예측은 100% 정확할 수 없고 조금이라도 오차가 발생하기 때문이다.

위스키 시장에 대한 예측 결과를 놓고 미팅을 할 때도 마찬가지였다. 현장 직원들 대부분이 예측에 대해 부정적인 선입견을 가지고 있었다. '우리가 그 일만 평생을 해왔는데, 우리 업종이 얼마나 복잡하고 어려운데 감히 그것을 예측할 수 있느냐'는 식으로 생각하는 것

---

* 예측오차율 $= abs\left(\dfrac{예측값 - 실제값}{실제값}\right)$

예측정확도(%) $= [1 - 예측오차율] \cdot 100$

여기서 abs는 절대값이다. 즉 abs(-4)는 4이고, abs(4)도 4이다. 예측오차는 실제보다 클 수도, 작을 수도 있기 때문에 절대치를 사용한다.

같았다. 그런데 결과가 공개되는 순간 직원들의 표정이 확 달라졌다. 자기네의 오랜 경험과 직감으로 예측한 것보다 훨씬 정확한 예측값이 나왔기 때문이다. 처음 달에는 5%가 틀려 정확도가 95%였고, 다음 달은 99%의 정확도를 나타냈다. 하지만 필자는 그다음 달에는 그보다 더 틀릴 수도 있다고 미리 언질을 주었다. 사실 그 모형은 전체 데이터를 약 85% 정도 설명할 수 있는 수준의 모형이었기 때문이다. 일반적으로 예측값의 정확도는 적합도(모형이 기존의 데이터를 설명하는 정도)보다 더 나쁘게 나오게 마련이다. 그래서 모형 개발에 특별한 주의가 필요하다.

참고로 IWSR(International Wine & Spirit Research, www.iwsr.

IWSR 홈페이지

co.uk)라는 회사를 소개한다. 런던에 본부를 둔 이 회사는 전 세계 134개국을 방문하여 주류 가격과 소비량 등을 조사하고 보고서를 만들어 파는 일을 전문으로 한다. 직원은 24명(2013년 3월 기준)뿐이다. 술과 관련된 업종의 회사들은 거의 대부분 이 회사의 보고서를 구입하여 경영에 참고한다. 그만큼 가치를 높게 평가받고 있다. 앞으로는 이 같은 정보서비스 회사들이 지속적으로 늘어날 전망이다. 신뢰할 수 있고 활용 가치가 있는 정보의 필요성이 점점 더 커지고 있기 때문이다.

맞았지만 틀린 월드컵 예측

2006년 초의 일이다. 독일에서 개최될 월드컵의 성적을 미리 예측해보자는 의뢰가 모 신문사로부터 들어왔다. 그 무렵 한국갤럽이 전국의 성인남녀 1520명을 대상으로 월드컵 전망에 대한 의견 조사를 실시했다. 조사 결과 응답자 가운데 93.1% 이상이 한국팀이 16강 이상의 성적을 낼 것이라고 전망했다. 이 같은 설문조사 예측 방법은 어느 정도의 정확성을 보장할 수 있을까?

때로는 과학적 예측을 하는 전문가들도 설문조사를 통해 많은 과제를 해결한다. 대신 그 대상이 다르다. 이와 달리 특정 분야의 전문가들을 상대로 설문을 실시하는 경우도 있다. 가령 한국 축구대표팀의 월드컵 성적에 대해 K리그 감독들을 대상으로 답을 구하는 식이다. 이 같은 방법은 일반인들을 대상으로 했을 때보다 얼마나 더 정확할까?

축구를 좋아하는 사람이라면 '펠레의 저주'라는 말을 들어본 적이 있을 것이다. 이 말은 브라질의 축구황제 펠레가 월드컵에서 우승 후보로 꼽았던 팀이 졸전 끝에 예선 탈락하고 마는 일이 많아 생겨나게 되었다. 당사자로서는 곤혹스러울 수밖에 없다. 하지만 이 같은 일은 비단 펠레에게만 일어나는 일은 아니다. 주식 등 다른 분야의 내로라하는 전문가들도 틀린 예측으로 낭패를 보는 경우가 얼마든지 있다. 그런 면에서 펠레의 저주는 '전문가의 저주'라는 말로도 통용될 수 있다.

우리나라에서 와이브로 서비스를 본격적으로 실시하기 전의 일이다. 당시에 필자는 와이브로가 굉장히 중요한 기술이지만, 한국처럼 지리적으로 좁고 어디서나 인터넷 전용선을 사용할 수 있는 환경에서보다는 땅이 넓어 전용선을 다 깔지 못하는 나라에 수출하는 데 집중해야 한다는 의견을 내놓았다. 그런데 다른 전문가들은 달랐던 모양이다. 그때 한 조사원이, 전문가 20여 명을 인터뷰했는데 반대 의견을 가진 사람은 처음이라고 하면서 자신도 필자의 의견에 동의한다고 했다. 그럼에도 불구하고 와이브로 서비스는 출시되었고 가입자 확보에 상당한 어려움을 겪었다.

필자는 과거의 자료들을 수집하고 분석한 뒤 그 경향을 수식으로 만들어 예측한다. 그때도 마찬가지 방식으로 예측을 시도했다. 먼저 아드보카트 감독이 오고 난 뒤 국가대표팀 평가전의 자료를 수집했다. 그전과 비교해서 승률의 변화가 있었는지, 유럽파가 가세했을 때 승패는 어땠는지, FIFA(국제축구연맹) 랭킹이 높은 강팀과 만났을 때의 성적은 어느 정도였는지, 전체적으로 승패와 득실점은 어땠는지를 알아보았다. 그다음에 수집된 자료를 분석한 결과에 기초하여 경기별 승리 확률을 예측하는 공식을 만들었다.

아드보카트 감독이 부임해서 2006년 3월 초까지 대표팀을 이끌고 치른 경기는 13경기, 성적은 8승 2무 3패였다. 이 정도 가지고는 자료가 부족해서 의미 있는 결과를 낼 만한 수학공식을 만들 수 없었다. 그래서 본프레레 감독이 대표팀을 지휘했던 시기의 경기까지 조사했다. 2002년 히딩크 감독 시절부터 자료를 수집할 수도 있지만, 축구경기 결과라는 것이 변수가 많아 장기간의 많은 자료가 꼭 도움이 되는 것은 아니다. 결국 우리 국가대표팀의 38경기에 관한 자료를 모았다. 경기가 있었던 날 경기장의 온도, 상대팀의 전력과 그전 경기 결과까지 포함시키고 나니 이제 쓸 만한 공식을 만들 수 있을 것 같았다. 그렇게 해서 정확도 83%로 경기 결과를 예측하는 공식이 탄생했다. 이긴 경기는 승리 확률을 높게, 진 경기는 승리 확률을 낮게, 비긴 경기는 확률을 50% 내외로 예측하는 공식이었다.

필자가 만든 공식에 따르면 한국팀의 승패는 경기를 하기 전에 치른 3경기의 결과에 영향을 받았다. 지난 3경기에서 모두 승리했을 경우에는 이길 확률이 낮아졌다. 여러 번 이기게 되면 자만심이 생겨 경기를 망친다는 사실이 수식으로 증명된 것이다. 또 FIFA 랭킹이 한국보다 높은 상대를 만나거나 1군으로 구성된 상대와 경기를 했을 때도 승률이 떨어지는 현상을 보였다. 반면에 유럽파가 참여하는 경기에서는 승률이 높았으며, 아드보카트 감독이 오고 나서도 승률이 조금씩 오르고 있었다.

이 수학공식을 이용하여 독일월드컵 G조 예선경기를 예측해보았다. 한국(30위)이 상대해야 할 팀은 토고(59위), 프랑스(7위), 스위스(35위) 순이었다. 한국은 2002년 월드컵을 앞두고 스코틀랜드, 잉글랜드, 프랑스와 평가전을 치러 1승 1무 1패를 기록한 적이 있었다. 2006년에는 6월 1일 노르웨이(40위), 6월 4일 가나(50위)와 평가전을 치를 계획이었다. 그전에 5월 26일에도 보스니아-헤르체고비나(63위)와 평가전을 치르기로 되어 있었다. 사실 월드컵 경기를 보다 정확하게 예측하기 위해서는 이 3경기의 결과를 알 필요가 있었다. 전술한 바대로 이전의 경기 흐름이 다음 경기에 적지 않은 영향을 미치기 때문이다. 최선의 방식은 한 경기를 예측한 다음 결과를 확인하고, 모형을 수정해서 다시 다음 경기를 예측하는 것이다. 하지만 그럴 수 없었던 필자는 2002년처럼 평가전 3경기에서 1승 1무 1패를 기록한다고 가정하고, 월드컵 본선 무대에서의 경기 결과를 예측했다.

한국이 토고와의 첫 경기에서 이길 확률은 98%로 예측되었다. 승리였다. 하지만 다음 경기인 프랑스전에서는 이길 확률이 2%(패배 확률 98%)밖에 되지 않았다. 패전이었다. 마지막으로 스위스와의 경기는 61% 승률이라는 결과가 나왔다. 무승부로 예측되었다. 결국 한국은 1승 1무 1패의 성적을 거둘 것으로 내다보였다.

실제 결과는 어떻게 나왔을까? 한국은 토고에 승리를 거두었고, 프랑스와는 무승부, 스위스에는 패배를 기록했다. 1승 1무 1패로 결과는 같았지만, 순서가 바뀌었다. 가장 최근의 경기 결과를 반영하지 못한 것이 그런 결과를 낳았다고 볼 수 있다.

스포츠는 마케팅이나 제조업처럼 데이터가 비교적 잘 정리된 분야다. 아니 다른 어떤 분야보다도 더 정교한 데이터를 가지고 있다고 할 수 있다. 그래서 예측의 정확성도 상대적으로 더 높은 편이다. 정교한 데이터가 정확한 예측을 낳는다.

놀이공원에서 입장객 수를 예측하는 까닭

다음 페이지의 표는 아시아 지역에 있는 놀이공원의 입장객 수 순위를 정리한 것이다.

표를 보면 우리나라의 에버랜드와 롯데월드가 각각 5위와 7위에 올라 있다. 인구 대비로는 일본의 디즈니랜드보다 더 많은 사람들이 찾는 놀이공원이라고 할 수 있을 것이다.

필자는 강의를 하거나 글을 쓸 때 KAIST 예측연구실에서 놀이공원 입장객 수를 예측한 사례를 종종 소개한다. 그러면 누군가가 놀이공원에서는 왜 그런 예측을 하느냐고 질문한다. 놀이공원이라는 곳이 이미 존재하고 있고, 아침에 시간이 되면 문을 열고, 놀이기구를

순위	놀이공원	도시/나라	2011년
1	도쿄 디즈니랜드	도쿄/일본	13,996,000
2	도쿄 디즈니씨	도쿄/일본	11,930,000
3	일본 유니버설 스튜디오	오사카/일본	8,500,000
4	홍콩 오션파크	홍콩/중국	6,955,000
5	에버랜드	용인/대한민국	6,570,000
6	홍콩 디즈니랜드	홍콩/중국	5,900,000
7	롯데월드	서울/대한민국	5,780,000
8	나가시마 스파랜드	쿠와나/일본	5,820,000
9	해피밸리	선전/중국	3,890,000
10	요코하마 하케이지마 씨 파라다이스	요코하마/일본	3,820,000

놀이공원 입장객 수(출처 : 위키피디아)

작동시키고, 사람을 줄 세우고, 때가 되어 문을 닫으면 되는데 도대체 힘들여 예측을 하는 이유가 무엇일까 하는 의문을 제기하는 것이다.

놀이공원에서 입장객 수 조사를 담당하는 직원은 진땀을 뺀다. 하루, 일주일, 한 달간 입장객 수가 얼마나 될지 예측하고 제반 사항을 점검하느라 많은 애를 쓴다. 이들의 노력으로 어느 정도 규모가 되는 놀이공원들은 20여 년 전부터 시간대별 기온, 시기별 강수량 등에 따른 입장객 수를 데이터로 보유하고 있다.

놀이공원이 입장객 수를 정확하게 예측하려는 이유는 다른 것이 아니다. 만약 입장객 수가 실제보다 많게 예측되었다면 어떤 일이 벌어질까? 많은 입장객들을 맞이하기 위해 더 고용한 아르바이트생들이 다 놀게 될 것이고, 식당의 육계장 재료가 남아돌아 처치 곤란이 될 것이다. 어쩌면 일주일간 직원들이 육개장만 먹어야 할지도 모른다. 이래저래 손실이 발생한다. 반대로 실제보다 적게 입장객 수를 예측했다면 입장객들의 원성이 하늘을 찌를 것이다. 주차장은 관리요원 부족으로 난장판이 될 것이고, 식당에서는 음식 재료 부족으로 배고픈 사람들의 항의가 빗발칠 것이다. 혼란과 불편을 느낀 이용객들은 불만을 가득 안고 돌아가며 다시는 이곳에 오지 않으리라 결심하게 될 것이다.

예측은 한마디로 예측이 잘못되었을 경우 발생할 수 있는 손실을 예측하는 것이라고 할 수 있다. 따라서 '왜 예측하느냐?'가 아니라 '예측이 잘못되면 어떤 손실이 발생하느냐?'라고 질문해야 한다. 예측을 조금이라도 아는 사람은 그렇게 질문한다. 손실을 최소화하기 위해 예측을 한다는 사실을 알기 때문이다.

최근에도 필자는 놀이공원 개장과 더불어 놀이기구와 식당을 모두 동시에 오픈할 필요가 있는지에 관한 프로젝트 의뢰를 받았다. 개장시간은 지켜야 하겠지만 놀이기구를 이용하는 사람도 없는데 아침부터 미리 가동할 필요가 있느냐는 것이었다. 식당도 마찬가지. 먹을 사람도 없는데 일찍부터 음식을 준비하는 것이 맞는지 고민이라고 했다. 만약 이용객이 도착하는 시간이나 몰리는 순간, 놀이기구나 식당을 이용하는 적정 타이밍을 알 수 있다면 놀이공원을 좀더 효율적으로 운영할 수 있고 그만큼 전기료, 인건비, 재료비 등을 아낄 수 있을 것이었다. 상식적으로 생각해도 맞는 말이다.

서비스의 질이 핵심인 놀이공원의 운영은 입장객 수나 이용률을 예측할 수는 있지만, 그 결과를 실제로 얼마나 반영해야 하는가는 또 다른 문제가 아닐 수 없기 때문이다. 경영은 상식과 정보의 수준을 넘어서는 또 다른 영역이다.

분명한 사실은 예측이 경영의 효율화를 높인다는 점이다. 놀이공원에서 입장객 수를 미리 알면 모를 때보다 손실을 대폭 줄일 수 있는 것처럼, 예측이 가능해지면 경영상의 여러 가지 문제를 효과적으로 해결할 수 있다. 때로는 더 많은 수요를 창출하는 기회를 만드는 데 결정적인 단서를 제공하기도 한다. 그런 의미에서 수요예측은 비즈니스에서 가장 중요한 이슈임에 틀림없다.

우리가 수요예측을 하기 위해서는 먼저 수요의 크기를 좌우하는 변수에 대해 알아야 한다. 변수를 알고 적절히 선택할 수 있을 때 정확한 수요예측을 할 수 있다. 그러면 필자와 함께 그 오묘한 변수의 세계로 들어가보자.

2

도대체
무엇이
문제였을까?

예측의 성패를 좌우하는 변수들

그날은 챌린저호가 위험한 날이었다

1986년 1월 28일, 미국 우주왕복선 챌린저호가 폭발하는 참사가 일어났다. 챌린저호가 발사된 뒤 73초 후 공중에서 폭발하는 처참한 광경은 TV를 통해 전 세계로 생중계되었으며, 탑승자 가족들은 물론 이를 지켜보던 모든 사람들에게 크나큰 충격을 주었다.

사건 발생 후 당시 대통령이었던 로널드 레이건은 사건의 진상을 밝히기 위해 고위 관료와 저명한 과학자로 특별조사팀을 구성했다. 그리고 그들은 챌린저호가 발사할 때 사용되는 고체로켓모터의 접합부위 이상으로 폭발했다는 결론을 내놓았다. 하지만 그것은 겉으로 드러난 원인일 뿐이었다. 사실 그 뒤에는 '표본선택 편의'라는 통계적

챌린저호 탑승자 7인(출처 : 위키피디아)

챌린저호 폭발 장면(출처 : 위키피디아)

오류가 숨어 있었다.

비극적인 재앙이 일어난 전날 밤, 케네디우주센터에서는 챌린저호 발사를 놓고 열띤 논쟁이 벌어졌다. 일부 관계자들은 우주왕복선 발사를 즉각 연기해야 한다고 주장했다. 그들은 고체로켓모터의 접합 부위를 염려했다. 우주왕복선이 이륙하기 위해서는 2개의 고체로켓모터가 필요하다. 기술자들은 로켓모터를 네 부분으로 분해하고 케네디우주센터로 옮긴 뒤 이를 다시 조립하여 로켓 동체에 연결했다. 여기까지는 별 문제가 없었다. 발사 연기를 주장하는 사람들이 염려한 것은 발사 당일의 기온이었다. 예상 기온이 영하 0.56℃로 과거에 발사했던 날의 최저 기온인 11.7℃보다 무려 12℃ 이상이나 낮았다. 그들은 낮은 기온 때문에 로켓모터와 동체의 접합에 이상이 발생할 가능성을 제기했다. 근거도 타당했다. 1985년 1월 24일에 발사된 우주왕복선 자료가 그것이었다. 기온이 11.7℃였던 이날의 발사는 비록 성공을 거두기는 했지만, 기록상 가장 많은 3곳에서 접합 이상이 발견되었다. 따라서 그보다 훨씬 더 낮은 기온에서 발사하면 위험하다는 주장이었다.

반면 발사 강행을 주장하는 사람들은 과거에 발견된 접합 이상의 수와 기온을 나타낸 그래프를 근거로 제시했다. 그래프를 보면 둘 사이에 밀접한 상관관계가 없는 것 같았다. 하지만 정작 이 그래프는 기온과 접합 이상 사이의 관계를 명확하게 보여줄 수 없는 것이었다. 더군다나 문제가 되는 1985년 1월 24일의 발사 자료를 빼고 보면 오히려 기온이 낮을수록 접합 이상이 감소하는 것처럼 보였다. 그들은 1985년 1월 24일에 발견된 3곳의 이상도 기온 때문이라고 규정할 수 없다고 주장했다. 결국 3시간 동안의 뜨거운 논쟁을 벌인 끝에 발사를 예정대로 강행하기로 결론을 내렸다. 하지만 다음 날 일어난 재앙은 발사 강행을 주장한 그들의 예측이 크게 빗나간 것임을 비극적으로 증명했다.

무엇이 문제였을까? 논쟁에 참여한 사람들은 중요한 사실을 간과한 채로 결과를 예측했다. 접합 이상이 발견된 자료만이 아니라 전혀 발견되지 않은 발사 자료를 포함해야 한다는 사실을 망각했던 것이다. 만약 이 자료를 포함해서 접합 이상의 수와 기온의 관계를 그래프로 나타냈다면 명확한 추세를 발견할 수 있었을 것이다. 온도가 낮아지면 접합 이상이 증가한다는 상관관계가 드러날 테니 말이다. 비극의 근본 원인은 바로 여기에 숨어 있었다.

우주왕복선 챌린저호 참사가 우리에게 시사하는 바는 무엇일까? 종합적으로 충분히 검토해보면 알 수 있는 사실을 성급함 때문에 간과해버리고 말았다는 사실이다. 그것이 결국 돌이킬 수 없는 귀중한 목숨과 자산을 잃게 만들었다.

통계학에서는 전체를 아우르지 못하는 표본을 선정하여 발생하는 잘못된 결과를 가리켜 '표본선택 편의(sample selection bias)'라고 정의한다. 표본 선정의 오류가 잘못된 결과를 낳거나 큰 실수로 이어지는 예는 우리 주변에서도 어렵지 않게 찾아볼 수 있다.

표본선택 편의의 대표적인 예로 은행에서 실시하는 개인신용평가를 들 수 있다. 은행에서는 개인에게 돈을 대출해줄 때 이 사람이 나중에 대출금을 갚을지, 아니면 파산할지를 판단하게 된다. 즉 개인의 신용도를 평가한다. 보통은 0~100점 사이로 신용도를 평가하는데, 문제는 은행에서 이미 신용카드를 발급할 때 자격심사를 거쳐 통과한 사람들의 데이터만 가지고 분석한다는 것이다. 신용카드 발급이 거절된 사람까지 포함해서 신용도를 평가해야 하는데 말이다. 바로 여기서 표본선택 편의가 발생한다. 챌린저호 발사를 앞두고 접합 이상이 발견되지 않은 과거의 발사 자료를 포함하지 않은 채로 예측한 케네디우주센터와 다를 것이 없다.

희귀병에 걸린 환자가 병원에서 병을 제대로 진단받을 확률을 예측할 때도 표본선택 편의가 나타난다. 일반 의사를 찾아간 환자들만을 대상으로 분석한 경우와 그 병에 전문인 의사를 찾아간 환자들을 구분하여 분석한 경우는 다른 결과가 나타날 수밖에 없다. 에이즈 환자들의 특성을 분석하여 신약을 개발하려고 에이즈바이러스(HIV)에 걸린 사람들을 대상으로 설문조사를 실시하는 경우를 보자. 어떤 사람들에게 설문할까 고민하다가 국립의료원에 다니는 환자들을 선택했다. 이렇게 되면 HIV에 걸렸으면서 국립의료원에 가지 않은 사람과 설문을 의뢰받았지만 개인정보 노출을 꺼려 응답하지 않은 사람들은 제외된다. 결과적으로 HIV에 걸린 환자들 전체를 대표하지 못하는 실수를 범하게 된다.

그렇다고 예측을 할 때마다 전체를 대상으로 조사를 벌일 수도 없는 노릇이다. 현실적인 어려움이 있다. 시간도 오래 걸리고 비용도 많이 든다. 기온별로 로켓모터의 접합 이상 유무를 일일이 확인하거나 희귀병 환자들을 모두 찾아다닌다는 것은 필요 이상의 엄청난 에너지를 요구한다. 조사 결과의 신뢰성 또한 문제가 될 수 있다. 은행이 신용조사를 했을 때 조사에 응한 사람들이 모두 정확한 답변을 했을 것이라고 기대하기 힘들다.

이런 현실적 문제를 해결하기 위해 연구된 방법이 있다. 전체를 대표하는 표본(sample)을 수집해서 그 데이터를 가지고 전체의 특성을 통계적으로 발견하는 샘플링(sampling, 표본추출)이 그것이다. 현재 샘플링 방법은 과학실험 분야는 물론 품질관리나 신상품에 대한 소비자 선호도 조사처럼 비즈니스 분야에서도 널리 유용하게 쓰이고 있다. 관건은 표본을 어떻게 수집하느냐는 것이다. 표본에 따라 결론이 얼마든지 달라질 수 있기 때문이다.

표본선택의 함정에 빠지지 않으려면 제일 먼저 '성급함'을 버려야 한다. 모든 일이 그렇지만 특히 통계적 분석과 예측에서 성급함은 잘못된 결과를 부르는 지름길이다. 데이터를 모으고 샘플을 선택하는 과정에서 혹시 간과한 것은 없는지 끝까지 확인하는 자세야말로 정확한 예측의 밑바탕이라고 할 수 있다.

기술적으로는 그간의 연구 성과에 주목할 필요가 있다. 표본선택 편의의 문제를 해결하기 위해 그동안 많은 사람들이 연구에 뛰어들었는데, 대표적인 사람이 제임스 헤크먼(James J. Heckman) 시카코대 교수이다. 그는 '헤크먼 수정(Heckman Correction)'이라는 분석틀을 개발한 공로로 2000년 노벨경제학상을 수상했다. 이후 표본선택 편의의 문제 해결과 관련한 여러 연구 결과가 나왔으며, 기업이나 정책 개발 연구소 등에서 이 결과를 이용하여 자체적인 수리모형을 개발하고 표본선택 편의의 가능성을 줄이려는 노력을 계속하고 있다.

지구온난화의 '불편한 진실'

2009년 9월의 어느 일요일 아침, MBC TV에서 방영하는 모 프로그램을 보게 되었다. CO_2가 지구온난화의 주범이라고 믿고 있던 필자에게 강한 의문을 던져주는 내용이었다. 프로그램에서는 지구온난화의 원인을 놓고 'CO_2 때문이다', '태양흑점 폭발 때문이다'라고 주장하는 학자들 간의 날선 공방을 다루고 있었다. 지구의 온도가 올라가기 때문에 CO_2의 양이 늘어난다고 주장하는 학자도 있었다. 그런가 하면 《슈퍼 괴짜 경제학》이라는 책에서는 화석연료의 소비 증가로 지구온난화가 심해지고 있다는 상식은 허구라는 주장을 펴기도 했다.

'만약 CO_2가 지구 온난화의 주범이 아니라면 어떻게 되는 거지?

CO_2를 줄이려고 온갖 정책과 예산을 동원하는 것이 말 그대로 헛수고가 되는 거 아닌가? 환경단체들이 외치는 구호나 기업들이 펼치고 있는 녹색경영이 다 허사란 말인가?'

궁금해진 필자는 직접 그 영향을 검증해보기로 했다. 영국 그리니치천문대의 자료실에서 지구온난화 관련 자료를 1850년 1월부터 월

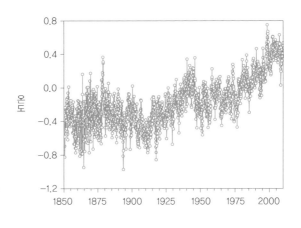

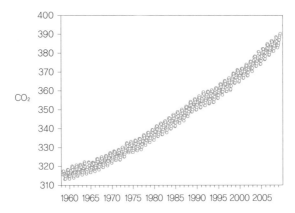

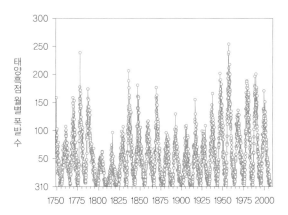

단위로 수집했고, 태양흑점 폭발 수도 1749년 1월부터 현재까지 조사했다. CO_2에 관한 기록은 1958년 1월부터 구할 수 있었다.

옆의 그래프에서 보이는 것처럼 지구의 온도와 CO_2는 최근 들어 급격히 증가하고 있다. 위는 태양흑점의 폭발 수를 표시한 것이다.

간단한 선형모형을 통해 필자는 CO_2와 태양흑점 폭발 수 모두 지구의 온도를 상승시킨다는 사실을 확인할 수 있었다. 지구온난화의 원인에 대해 양보 없는 논쟁을 벌인 학자들의 주장이 모두 맞다는 결론을 얻게 되었다. 그렇다면 과연 어느 쪽 원인이 더 큰 영향을 미치는 것일까? 계산을 해보니 CO_2가 태양흑점 폭발 수보다 약 6배 더 강한 영향을 미치는 것으로 나타났다.

여기서 한 발 더 나아가 필자는 VAR(Vector Autoregrressive Model, 벡터자기회귀모형. 거시적 현상을 실증적으로 분석하는 방법론의 하나)를 이용하여 CO_2의 증가가 지구 온도 상승에 미친 영향뿐 아니라 지구 온도의 상승으로 CO_2가 증가하는 효과까지도 검증했다. 여기에는 충격반응함수(Impulse Response Function, 이미 만든 공식에 가상으로 충격을 주어 각 변수들이 어떻게 반응하는지를 측정하는 방법)를 활용했다. 검증 결과 지구 온도가 올라가면 CO_2가 더 많이 발생한다는 점을 발견할 수 있었다. 단, 그 효과는 상대적으로 미미했다.

지구온난화를 일으키는 주범은 CO_2와 태양흑점 폭발 수의 증가가 분명하다. 하지만 태양흑점의 폭발은 우리가 어떻게 해볼 도리가 없는 부분이다. 따라서 현재로서는 가속화되는 지구온난화를 막기 위해 CO_2의 양을 줄이는 노력에 박차를 가하는 것이 최선이다.

우리는 주변에서 기존의 가설이 뒤집히는 경우를 종종 보게 된다. 특히 의료 부문에서 그러한 일이 자주 일어난다. 발병의 원인을 놓고 한때는 이것이라고 했다가 조금 지나면 저것이라고 하는 경우를 심심치 않게 볼 수 있다. 서로 다른 주장들이 얽히고 설켜 팽팽하게 맞서는 경우는 또 얼마나 많은가.

우리는 신이 아니라 인간이다. 인간이 모든 것을 알기란 불가능하다. 따라서 우리가 할 수 있는 방법은 그때마다 최선의 샘플을 모아, 그때까지 발견된 최신의 방법으로 분석하고, 그 결과가 신만 아는 것과 같을 것이라고 믿는 것이다. 성경의 전도서 7장 14절에 이런 구절이 있다.

"좋은 때에는 기뻐하고 어려운 때에는 생각하여라. 하나님은 좋은 때도 있게 하시고 나쁜 때도 있게 하신다. 그러기에 사람은 제 앞일을 알지 못한다."

통계학이 발전을 거듭함에 따라 요즘은 과거에 상상도 할 수 없었던 일도 가능하게 되었다. 무수한 데이터를 한꺼번에 분석하는 '빅 데이터' 기술도 등장했다. 하지만 여전히 우리는 한계를 지닌 인간임을 인식해야 한다. 그래야 오류를 최소화하고 같은 실수를 반복하지 않을 수 있다.

'대표인'이 결과를 좌우한다

할인점이나 슈퍼마켓을 찾는 사람들 대부분이 멍한 상태에서 쇼핑을 한다고 한다. 영국의 패션잡지 〈아이디(i-D)매거진〉은 지난 10년 동안 12만 5,000명의 쇼핑객을 비디오로 조사한 결과를 이같이 밝혔다.

이 매거진에 의하면 쇼핑객들이 상품이 진열된 코너와 코너 사이의 복도를 돌아다니며 내린 80%의 구매 결정은 무의식중에 이루어지며, 쇼핑 전에 세운 계획보다 평균 6배나 더 많은 상품을 구매하는 것으로 나타났다. 그들은 자신이 무엇을 고르는지 기억조차 하지 못했으며 매장의 조명, 컬러, 유명 브랜드의 위치 등 의도된 설계에 따라 자기도 모르게 물건을 집어 들었다. 그리고 주기적으로 매장을 방문하는 쇼핑객들의 경우 항상 같은 노선을 따라 움직이는 모습을 보였으며, 전체 매장의 3분의 1 정도를 둘러보았으면서도 전체를 돌았다고 생각했다.

많은 조사에서 밝혀진 것처럼 매장에 들어선 쇼핑객들은 대부분 왼쪽으로 돌려는 경향을 보인다. 심리학자들은 이것이 석기시대부터 내려오는 행동 습관으로 공격자들에 대비하고자 했던 것에서 비롯되었다고 말한다. 유통업체들은 이러한 성향을 반영하여 주력 상품들을 왼편에 진열함으로써 판매 효과를 극대화한다.

마케팅 이론을 연구하는 학자들 중에는 사람들이 합리적인 구매를 한다는 쪽과 전혀 그렇지 않다는 논리를 펴는 쪽이 있다. 합리적으로 구매한다고 주장하는 학자들은 개인이 상품을 구매해서 받게 되는 효용(가치)과 이를 위해 지불하는 비용(손실)을 비교하여 효용이 비용보다 크면 구매를 하고 그렇지 않으면 구매하지 않는다고 설명한다. 또한 구매하지 않고 있다가 성능이 개선되어 상품의 효용이 증가하거나 판매업체들 간의 경쟁이 심해져 가격이 인하되면 효용체계(가치체계)에 변화가 생겨 구매를 하게 된다고 말한다. 이와 달리 비합리적으로 구매한다고 보는 학자들은 사람들이 이익과 가치를 자세히 따져보고 결정하기보다 감정과 욕구에 따라 상품을 구매한다고 주장한다. 사람은 기본적으로 생각하기를 싫어하는 인지적 구두쇠라서 하나하나 비교하고 계산하기보다 자신이 경험한 것 가운데 가장 놀랐거나 인상적이었던 것만을 기억해서 이를 상품 구매로 연결시킨다는 것이다.

　물론 이런 설명도 가능하다. 상품에 따라 어떤 것은 합리적으로 고민해서 구매하고, 어떤 것은 아무 생각 없이 그냥 살 수 있다. 콜라 맛에 민감한 사람, 예를 들어 비만이나 당뇨를 걱정하는 사람은 다이어트 콜라를 선택할 것이다. 콜라에 대해 합리적인 구매의사 결정을 하는 경우라고 볼 수 있다. 그에 반해 건강에 대한 걱정이 없는 사람은 큰 고민 없이 어떤 콜라든 집어 들게 될 것이다. 그렇다면 자동차를 구매할 때는 어떨까? 거리낌없이 콜라를 고르듯 선택하는 사람이 있을까? 색상, 안전도, 품위, 디자인, 가격, A/S 등 수많은 요소를 고려하여 최적의 선택을 하려 할 것이다. 갑부가 아닌 이상 자동차를 여러 대 보유하기란 어렵기 때문이다. 이렇듯 소비자의 구매 결정은 개인의 사정에 따라, 상품의 특성에 따라 다양한 요인이 함께 작용하여 이루어진다고 보는 편이 타당할 것이다.

　필자와 같은 예측 전문가들은 보통 소비예측을 할 때 '대표인'을 가정한다. 대표인이란 시장에서의 구매 행태를 대표할 수 있는 특성을 가진 사람을 뜻한다. 소비자들 모두가 갑부라고 가정하거나 빈곤층이라고 추정해서 예측할 수는 없기 때문이다. 간혹 신문에 38세 남성, 중소기업 과장, 월급 300만 원 등으로 생활상을 보도하는 경우가 있는데, 이 또한 대표인을 가정한 것이다. 수요예측에서는 이와 같은 대표인을 최대한 철저하게 엄선하여 그의 의사결정 과정을 면밀히 분석하고 상품별로 다르게 모형화하는 고도의 작업이 필요하다.

서울의 한 대형 백화점에서 의뢰받은 문제다. 한낮 기온이 1도 올라가면 수영복이 얼마나 더 팔릴까? 앞에서 얘기한 것처럼 판매량은 매장의 조명이나 유명 브랜드의 배치 등에 의해서 올라가거나 내려가기도 하지만, 그날의 기상 조건 또한 매출에 적지 않은 영향을 미친다. 수영복은 기온에 가장 많은 영향을 받는 대표적인 상품 중 하나다.

백화점의 마케팅 담당자는 수영복 수요가 많을 것으로 예상되는 날에는 미리 충분한 재고를 확보해두어야 한다. 반대로 판매가 별로 기대되지 않는 날에는 그에 맞게 준비해서 불필요한 재고가 쌓이는 일이 없도록 해야 한다. 수영복은 패션상품과도 같아서 유행하는 디자인이나 형식(비키니, 원피스 등)이 시기별로 큰 차이를 보이므로 특별한 재고관리가 필요하다. 재고가 쌓이면 그만큼 손실을 감수해야 하기 때문이다. 그래서 수요예측이 매우 중요하다.

수영복을 구입하는 사람들의 대표인은 누구일까? 적어도 남자나 어린이는 아닐 것이다. 필자의 경험으로 보건대 남자들은 운동을 위해 수영장에 등록할 때나 휴양지로 신혼여행을 갈 때 수영복을 구입한다. 그런 때를 제외하고는 거의 구입하지 않는 편이다. 수영복을 제일 많이, 자주 구입하는 사람은 역시 여성들이다. 특히 아름다운 몸매를 뽐내고 싶어 하는 20대와 젊음을 유지하기 위해 노력하는 30대 여성이 수영복의 주된 고객이다.

그러면 2, 30대 여성들이 수영복을 사는 것은 언제일까? 가장 먼저 바겐세일 시기를 생각할 수 있다. 같은 값이면 싸게 사는 것이 이득이기 때문에 이때만 되면 백화점은 발 디딜 틈이 없을 정도다. 그리고 주중보다는 주말, 기온이 많이 올라 더위가 기승을 부릴 때 수영복을 사게 된다. 따라서 마케팅 담당자는 다른 때보다 재고를 더 많이 준비해서 판매에 차질이 생기지 않도록 해야 한다. 하지만 이 정도로는 도대체 얼마나 더 준비해야 하는지를 가늠할 수 없다. 좀 더 구체적인 매뉴얼이 필요하다. 온도가 1도 올라가면 얼마나 더 팔릴까? 바겐세일하는 기간 중에 온도가 올라가면 얼마나 더 팔릴까? 휴일이면 또 얼마나 더 팔릴까? 구체적인 수치를 내놓아야 하는 것이다.

예측모형은 이러한 관계를 수식으로 표현한다. 당시에 필자는 해당 백화점의 수영복 매장 판매자료를 수식으로 분석한 결과 온도가 1도 오르면 수영복 매출이 20만 원 올라가고, 휴일에는 100만 원 정도 올라가며, 바겐세일을 하면 평소보다 70만 원 정도 더 매출이 올라간다는 사실을 발견할 수 있었다.

장미란의 전성기는
몸무게에서 오는가, 기술에서 오는가?

    스포츠에서 인간의 한계는 스포츠 관련 종사자들뿐만 아니라 일반인에게도 주요 관심사항이다. 2008 베이징올림픽을 앞두고 박태환의 기록을 예측한 바 있는 필자 같은 계량마케팅 전공자도 물론 예외는 아니다. 그래서 각종 대회에서 세계 신기록이 탄생할 때마다 사람들은 탄성을 지르고 환호를 보낸다.

    베이징올림픽 역도경기에서 우리에게 큰 감동을 안겨준 바 있는 장미란도 이후 인간의 한계에 도전하는 선수가 되었다. 세계 신기록을 얼마까지 경신할 수 있을까를 놓고 온 국민의 주목을 받게 되었다. 장미란 선수도 기대에 부응하기 위해 최선의 노력을 다했다. 안타깝게도 교통사고 후유증과 컨디션 난조로 2012 런던올림픽에서는 메달도 따지 못하고 결국 은퇴를 하고 말았지만, 베이징올림픽에서 금메달을 따고 나서의 분위기는 정말이지 최고였다. 필자도 그에 편승(?)하여 장미란이 기록을 얼마나 경신할 수 있는지를 예측해달라는 의뢰를 받았다.

장미란은 베이징올림픽이 끝난 후 한 예능 프로그램에 출연해서 체중을 늘리는 것이 무척 어려웠다는 고민을 털어놓았다. 기록을 위해서는 몸무게를 더 끌어올려야 한다는 것이 역도의 상식이었다. 힘은 체중에 비례한다는 것이다. 필자는 장미란 선수에 대해 3가지가 궁금했다.

우선 장미란이 몸무게를 몇 kg으로 유지하는 것이 좋을지 궁금했다. 중국의 무쌍쌍처럼 135kg로 만들어야 할까? 두 번째 관심사는 장미란의 전성기였다. 다음 올림픽에서 다시 한 번 기대해도 될까? 마지막 궁금증은 장미란의 최고 기록이었다.

필자는 먼저 지난 10년간 장미란이 국내외 35개 대회에 참가해서 거둔 인상, 용상, 합계 기록을 분석했다. 경기 기록뿐아니라 당시의 나이, 체중을 수집했다. 베이징올림픽 때 세계 신기록을 거두며 금메달을 땄을 때는 나이 24.85세, 체중 116.75kg로 인상 140kg, 용상 186kg, 합계 326kg을 들어 올렸다. 또 대한역도연맹의 협조를 얻어 장미란이 받은 기술 지도 관련 내용을 청취했다. 그리고 궁금증을 해결하기 위한 수학공식 모형*을 개발했다.

장미란은 2003년 전국체전 우승 이후 코칭 스태프의 도움을 지속적으로 받아왔다. 2003년부터는 이중 무릎굽힘 동작 기술을 익혔고, 2004부터는 근력의 좌우 균형을 맞추는 데 주력했다. 이는 오른쪽보다 왼쪽에 5배 더 많은 부하가 걸려 왼쪽 어깨와 팔꿈치, 손목, 골반 부상을 입기 쉽다는 분석에 따른 것이었다. 또 2007년 이후 자세를 세밀하게 조정하고 그에 따른 기술을 향상시켜왔다. 이 같은 기술 개선 요인을 분석에 반영하기 위해 '2003년 이후 기술 개선'이라는 변수를 만들었다. 변수는 2003년 1/5, 2004년 1/6, … 2008년은 1/10로 했다. 기술 개선이 무한대로 진행되면 효과는 0이 된다.

데이터를 모으고 분석하면서 흥미로운 사실을 발견하기도 했다. 국제 대회에 참가할 때 장미란의 기록이 좋아진다는 것이었다. 이는 경쟁자가 없는 국내 대회보다 강력한 경쟁자들이 출전하는 국제 대회에서 더 뜨거운 투지를 불태움으로써 기록을 경신하는 것으로 해석할 수 있을 것이다.

---

* $$\text{기록}_t = \frac{\text{상수} + \beta_1 \cdot (\text{몸무게}_t - w^*)^2 + \beta_2 \cdot \text{03년 이후 기술개선}_t + \beta_3 \cdot \text{국제대회}_t}{e^{\left(\frac{\text{나이}_t - a^*}{a^*}\right)^2}}$$

수식을 통해 상수, β_1, β_2, β_3을 추정하고 최고 기록을 낼 때의 몸무게(w^*)와 나이(a^*)를 알 수 있다. 분모의 $e^{\left(\frac{\text{나이}_t - a^*}{a^*}\right)^2}$ 은 전성기인 나이 a^*일 때 1($=e^0$)이 된다.

결과적으로 필자는 장미란이 인상에서는 나이가 31.14세이고 몸무게가 113.99kg일 때 국제 대회에 참가하면 146.14kg이란 최고 기록을 세울 것으로 예측할 수 있었다. 추정한 공식*은 약 93%의 설명력을 갖고 있었다. 즉 추정 공식에서 나온 기록이 장미란의 실제 기록과 약 93% 일치한다는 뜻이다.

한편 용상에서는 나이가 31.14세이고 몸무게가 114.84kg일 때 국제 대회에 참가하면 192.71kg의 최고 기록을 세울 것으로 예측되었다. 추정된 공식**은 약 92%의 설명력을 지니고 있었다.

결과적으로 장미란의 최고 기록은 베이징올림픽에서 세웠던 기록보다 인상에서 6kg, 용상에서 약 6kg 늘어난 약 338kg으로 예측되었다. 그리고 최고 기록을 가능케 하는 체중은 113~115kg로 원래의 체중과 별반 다르지 않았다. 지난 10년간은 기록 경신에 체중의 증가가 큰 역할을 했지만, 더 이상은 그로 인한 효과가 나타나지 않을 것 같았다. 이는 체중이 늘지 않는다는 고민을 그만해도 된다는 뜻이기도 했다. 전성기인 31.14세까지는 기술 개선만으로 최고 기록을 경신

---

*

$$기록_t = \frac{146.49 - 0.099 \cdot (몸무게_t - 113.99)^2 - 38.87 \cdot 03년\ 이후\ 기술\ 개선_t + 1.94 \cdot 국제대회_t}{e^{\left(\frac{나이_t - 31.14}{31.14}\right)^2}}$$

**

$$기록_t = \frac{192.81 - 0.106 \cdot (몸무게_t - 114.84)^2 - 55.09 \cdot 03년\ 이후\ 기술\ 개선_t + 3.14 \cdot 국제대회_t}{e^{\left(\frac{나이_t - 31.14}{31.14}\right)^2}}$$

할 수 있다는 점도 확인할 수 있었다.

필자의 분석 결과는 베이징올림픽에서 막 돌아온 장미란에게 체중에 대한 고민을 할 필요 없이 지금의 S라인을 유지해도 좋다는 '기쁜 소식'을 전해주었지만, 아직 전성기가 많이 남아 있으므로 계속해서 힘든 운동을 해야 한다는 '슬픈 뉴스'도 전해주었다. 이제는 비록 실현되기 어렵게 되었지만, 이 결과는 다른 역도선수들에게도 시사하는 바가 크다고 하겠다.

무식한 죄, 로또 판매량 예측

세계 경제의 불확실성이 지속되고 고용 증가세도 둔화됨에 따라 국내 경제의 불안도 당분간 지속될 것이란 우려가 제기되고 있는 가운데, 일확천금을 노리는 사람들의 심리는 더욱더 심화될 것이란 전망이 나오고 있다. 특히 연매출 3조 원 시대에 접어든 로또복권의 판매액은 지난해에 이어 올해도 연중 최고치를 기록할 것으로 전문가들은 내다보고 있다.

나눔로또에 따르면 로또복권 판매액은 지난 2007년 2조3,810억 원을 기록했으나 2010년엔 2조5,255억 원으로 증가했고, 2011년에는 3조 원을 돌파했다. 지난해 역시 로또판매액은 꾸준히 증가해 3조 원 대 중반을 기록한 것으로 추산되고 있다.

국내 경기가 침체 국면에 들면서 삶이 빠듯해질수록 안정적인 수익에 안주하기보다는 일확천금을 꿈꾸는 이들이 늘어나면서 로또산업이 급속도로 몸을 불려 호황을 누리고 있는 셈이다.

이처럼 로또 판매량이 빠르게 증가하면서 판매점 수 역시 늘어가고 있는 추세다. 연 5000만 원 이상의 판매수수료를 올리는 로또 판매점의 경우 2011년 기준으로 6,362개 판매점 중 364개로 5.6%에 달하기도 했다.

이와 관련 얼마 전 한 여론조사 기관의 여론조사 결과 상당수 사람들이 '돈이 행복으로 이어질 수 있다'는 응답을 한 것으로 나타나 로또복권의 열기가 단순한 일시적 호기심이나 심심풀이 놀이의 수준이 아님을 뒷받침하고 있다.　〈스포츠서울〉 2013. 1. 10

2006년경 필자는 지도교수님과 함께 대검찰청 중수부를 찾은 적이 있다. 중대한 범죄를 저질러 그곳에 끌려간 것이 아니었다. 바로 로또 때문이었다. 그 덕에 전직 대통령이 수사를 받았던 곳을 내 눈으로 직접 확인하는 기회를 가질 수 있었다.

로또가 우리나라에서 처음으로 판매되기 시작했을 때는 지금처럼 판매점에서 구입하면 번호를 표시한 복권을 자동으로 인식해서 정보를 중앙서버로 보내고 그 증거로 입력 정보가 인쇄되어 나오는 시스템이 없었다. 그런데 그 시스템을 개발한 회사가 있었다. 회사는 매주 판매되는 로또 판매액의 일정 비율을 개발 비용으로 받기로 하고 금융기관과 약정을 맺기로 했다. 7년에 걸쳐 비용을 상환받기로 했는데, 문제는 로또의 판매량을 알아야 그 비율을 정할 수 있다는 것이었다. 해당 금융기관은 회계법인을 통해 수요예측 용역을 개인에게 맡겼다.

이때 문제가 발생했다. 실제로 팔린 로또의 양보다 엄청나게 적게 예측한 결과 때문이었다. 즉 예측된 로또 판매량이 적었으므로 이 시스템을 만든 회사가 개발 비용으로 판매액의 일정 비율을 7년에 걸쳐 모두 받아가려면 꽤 높은 비율을 적용할 수밖에 없는 상태였다. 결과는 어떻게 되었을까?

로또는 예측과 달리 엄청난 판매량을 보였다. 1등 당첨자가 몇 주째 나오지 않아 당첨금이 400억이 넘어가는 바람에 평소보다 몇 배의 판매량을 보인 경우도 있었다. 결국 시스템 개발 회사는 7년이 아니라 불과 몇 달 만에 개발 비용 모두를 상환받았을 뿐만 아니라, 향후 남아 있는 기간에도 지속적으로 판매액의 일정 부분을 챙겨갈 수 있게 되었다.

검찰은 이것이 모두 미리 짜고 벌인 범죄가 아닌가 의심하고 있었다. 그러면서 사업 초기에 회계법인에 맡겨 수요예측을 한 보고서를 우리에게 보여주었다. 그 보고서는 기존의 주택복권처럼 1등 당첨금이 1~2억 원에 해당하는 경우만을 가정하여 수요예측을 한 것으로 드러났다. 그렇기 때문에 실제와는 엄청난 차이를 보일 수밖에 없었던 것이었다. 수요예측이 제대로 되었다면 1등 당첨금이 400억이 넘는 상황까지 고려했어야 했다. 실제 상황에 맞게 예측의 가정이 이루어지지 않으면 이처럼 어처구니 없는 오류를 범하게 되는 것이 예측이다.

우리는 수요예측을 한 사람이 무식한 것밖에 죄가 없다고 검사에게 말했다. 오히려 그 사람은 수요가 높게 나오지 않아 인위적으로 올리려는 노력을 하기도 했다. 잘못이 있다면 수요예측을 제대로 공부하거나 검증되지 않은 사람에게 수요예측을 의뢰한 것이었다. 그 후 2,000원 하던 로또가 1,000원으로 값이 바뀌었고 개인의 구입 한도도 조정이 되었다.

민자사업의 적자 때문에 말들이 많다. 그것은 최소수입보장제도 (MRG, Minimum Revenue Guarantee)에 기인하는 측면이 크다. 이 제도는 사회기반 시설에 대한 민간투자 유치를 위해 협약에서 미리 정해놓은 운영 수입을 충족하지 못할 경우 정부 또는 주무관청에서 수입의 일정 부분을 보전해주는 것이다. 우면산터널, 지방 국제공항 등 수많은 민간공사에서 이로 인한 문제가 발생하고 있는데, 대부분 과도한 수요예측에 따른 공사 강행과 그에 못 미치는 실제 수요로 경영이 부실해진 탓이 크다.

잘못된 수요예측은 엄청난 후유증을 낳는다. 이와 관련하여 가장 유념해야 할 것 중의 하나는 기본 가정이 잘못된 문제를 풀려고 하지 말라는 것이다. 그것은 오히려 더 큰 화를 부르는 치명적인 실수가 되고 만다. 실수를 줄이고 낭비와 비효율을 최소화할 수 있어야 한다. 그러기 위해서는 우리가 예측, 특히 수요예측의 실체를 좀 더 명확히 들여다볼 필요가 있다.

3

얼마나
팔릴까?

신상품 개발 & 수요예측

최상의 상품 조합을 찾아라

신상품을 기획할 때는 여러 특성을 잘 조합하여 소비자의 호감과 구매를 최고로 이끌어내는 것이 최대의 목적이 될 것이다. 이때 사용할 수 있는 방법 중 하나가 컨조인트(Conjoint) 분석이다.

컨조인트 분석은 1975년 미국 마케팅 전문가인 폴 그린(Paul E. Green)과 요람 윈드(Yoram J. Wind)가 개발한 방법으로 신상품의 여러 특성들 중 최상의 조합을 찾는 데 사용되어왔으며, 지금까지도 업그레이드된 다양한 방법들이 소개되고 있다.

다음의 그림을 보자. 카펫 클리너를 신상품으로 출시하고자 한다. 선택할 수 있는 패키지 디자인은 3가지(A, B, C)이고, 브랜드 이름

(K2R, Glory, Bissel)도 3가지, 가격($1.19, $1.39, $1.59)도 3가지, 그리고 실링(Good House-keeping seal)의 유무와 환불 조건(Money-back guarantee)의 여부가 예상되는 조합이다. 이 모든 조합에 맞추어 생산하려면 무려 108가지(3×3×3×2×2=108)나 된다. 이렇게 개별 특성의 수가 많아지면, 기업이 고민해야 할 신상품의 조합이 엄청나게 늘어나게 된다. 이를 모두 생산해서 판매하는 것은 현실적으로 불가능하다. 따라서 직교행렬(orthogonal array. 서로 영향력을 구분할 수 있는 최소한의 조합)을 고려하게 된다. 그림에서는 총 18개의 조합을 찾았다. 물론 이 조합들 가운데 최고의 조합이 있을 수 있지만, 운 나쁘게 없을 수도 있다.

컨조인트 분석은 이 18개의 순위(ranking) 중에서 최상의 조합을 찾을 수 있는 방법을 제시한다. 이 순위는 소비자에게 설문을 통해 조사하기도 하고, 팀에서 자체적으로 결정하기도 한다. 18개 조합에서 최고의 순위는 제일 마지막에 있는 패키지 디자인 C × 브랜드 Bissel × 가격 $1.19 × 실링 Yes × 환불조건 Yes이다. 하지만 컨조인트 분석을 거치면 디자인을 C에서 B로 바꾸는 것이 최고의 조합임을 알 수 있다.

이러한 컨조인트 분석은 기업이 마케팅 조사업체에 프로젝트를 의뢰해서 수행하는 것이 일반적이다. 필자도 학생들의 마케팅조사론 수업시간에 전문적인 컨조인트 분석을 하는 대신 더미변수(가변수, dummy variable. 변수의 값이 0이나 1을 갖는 식별변수)만을 이용하여

#	Package design	Brand name	Price ($)	seal?	Money-back guarantee?	Respondent's evaluation
1	A	K2R	1.19	NO	NO	13
2	A	Glory	1.39	NO	YES	11
3	A	Bissel	1.59	YES	NO	17
4	B	K2R	1.39	YES	YES	2
5	B	Glory	1.59	NO	NO	14
6	B	Bissel	1.19	NO	NO	3
7	C	K2R	1.59	NO	YES	12
8	C	Glory	1.19	YES	NO	7
9	C	Bissel	1.39	NO	NO	9
10	A	K2R	1.59	YES	NO	18
11	A	Glory	1.19	NO	YES	8
12	A	Bissel	1.39	NO	NO	15
13	B	K2R	1.19	NO	NO	4
14	B	Glory	1.39	YES	NO	6
15	B	Bissel	1.59	NO	YES	5
16	C	K2R	1.39	NO	NO	10
17	C	Glory	1.59	NO	NO	16
18	C	Bissel	1.19	YES	YES	1*

카펫 클리너의 18개 제품 속성 조합의 선호 순위(Green & Wind, 1975)

컨조인트 분석과 동일한 결과를 낳는 연습을 하곤 한다.

위의 그림은 다음과 같은 표로 만들 수 있다. 변수의 값을 모두 0과 1로 변경한 것이다.

번호	Pack A (디자인 A)	Pack B (디자인 B)	Brand K2R (브랜드 K2R)	Brand Glory (브랜드 Glory)	Pr_1.19 (가격 $1.19)	Pr_1.39 (가격 $1.39)	Seal (실링 여부)	Money -back (환불 여부)	Rank (순위)
1	1	0	1	0	1	0	0	0	13
2	1	0	0	1	0	1	0	1	11
3	1	0	0	0	0	0	1	0	17
4	0	1	1	0	0	1	1	1	2
5	0	1	0	1	0	0	0	0	14
6	0	1	0	0	1	0	0	0	3
7	0	0	1	0	0	0	0	1	12
8	0	0	0	1	1	0	1	0	7
9	0	0	0	0	0	1	0	0	9
10	1	0	1	0	0	0	1	0	18
11	1	0	0	1	1	0	0	1	8
12	1	0	0	0	0	1	0	0	15
13	0	1	1	0	1	0	0	0	4
14	0	1	0	1	0	1	1	0	6
15	0	1	0	0	0	0	0	1	5
16	0	0	1	0	0	1	0	0	10
17	0	0	0	1	0	0	0	0	16
18	0	0	0	0	1	0	1	1	1

표에서처럼 3개의 특성이 있는 패키지 디자인의 경우 2개의 더미변수(여기서는 A, B)만을 사용하여 데이터를 정리할 수 있다. 패키지 디자인이 A라면 Pack_A만 1의 값을 갖고 Pack_B는 0의 값을 가지도록 정리하는 방식이다. 반대로 패키지 디자인이 B인 경우에는 Pack_A는 0을, Pack_B는 1을 갖도록 정리한다. 둘 다 0인 경우에는 패키지 디자인 C를 기준으로 잡았다는 것을 의미한다. 이렇게 정리된 데

이터를 이용하여 회귀분석을 해보면 순위를 결정하는 수식*을 얻을 수 있다.

이렇게 해서 최상의 조합을 찾아보면 디자인은 B, 브랜드는 Bissel, 가격은 $1.19, 실링이 되고, 환불이 가능한 조합을 얻을 수 있다. 이 조합이 앞의 그림에서 본 최상의 조합과 다른 점은 디자인이다. 즉 컨조인트 분석을 거치면서 실험 대상이 되었던 조합 가운데 최상의 조합은 불행히도 발견할 수 없었지만, 각 상품 특성이 미치는 효과를 분석하여 디자인을 C에서 B로 바꾸면 지금보다 훨씬 더 나은 상품의 조합을 확인할 수 있는 것이다.

---

* $$\text{Rank}=14.167+\begin{pmatrix}4.5\cdot\text{Pack\_A}+\\-3.5\cdot\text{Pack\_B}\end{pmatrix}+\begin{pmatrix}1.5\cdot\text{Brand\_K2R}+\\2.0\cdot\text{Brand\_Glory}\end{pmatrix}+\begin{pmatrix}-7.667\cdot\text{Pr\_1.19}\\-4.833\cdot\text{Pr\_1.39}\end{pmatrix}+\begin{pmatrix}-1.5\cdot\text{Seal}\\-4.5\cdot\text{Money\_back}\end{pmatrix}$$

이 수식을 적용하면, 디자인은 C를 기준으로 볼 때 A는 4.5등 뒤에 있고 B는 C보다 3.5등 밑에 있으니 최상의 디자인은 패키지 디자인 B라는 결과를 얻을 수 있다. 브랜드는 Bissel을 기준으로 K2R이 1.5등 뒤에 있고 Glory도 2등 뒤에 있으니 최상의 브랜드는 Bissel이다. 가격은 $1.59를 기준으로 $1.19일 때 7.667등이나 밑에 있고 훨씬 좋은 반응을 보이므로 $1.19로 결정하는 것이 최상일 것이다. 실링은 되는 것이 되지 않는 것보다 등수가 1.5등 좋고, 환불이 되면 등수가 4.5등 좋아진다.

신상품 수요는 바이러스가 퍼지는 것처럼

신상품 수요예측, 특히 대규모 투자를 요하는 상품을 생산하는 경우 수요예측은 매우 중요하다. 핸드폰 기지국을 몇 개나 세워야 할까, 75인치 LCD TV를 사는 사람은 얼마나 될까의 문제는 몇 조에 달하는 설비투자로 직결된다. 그나마 대기업은 자금력이 있어 한 번의 실패가 기업의 운명을 좌우하지 않을 수 있지만, 중소기업의 경우는 한 번의 실패가 치명적인 결과를 가져온다. 대규모 투자를 요하는 상품의 대량생산을 위한 의사결정은 이렇듯 중요하다. 그래서 신상품 수요예측은 모든 의사결정의 핵심이 된다. 신상품 수요예측에서 가장 많이 사용되는 모형은 배스(Bass)의 확산모형(diffusion model)이다.

1969년 미국의 마케팅 전문가인 프랭크 배스(Frank M. Bass)가 개발한 배스 확산모형은 이후에 이것으로 박사학위를 받은 사람이 전 세계에 300명쯤 된다는 루머가 돌 만큼 신상품 수요예측에서 가장 주목받는 모형이다. 2004년 조사에서는 세계적인 권위를 인정받는 학술지 〈매니지먼트 사이언스(Management Science)〉에서 과거 50년 동안 가장 많이 인용된 논문 5위에 올랐고, 마케팅 분야에서는 독보적인 논문이라는 평가를 받았다. 여기에서 배스는 신상품과 사용자 (잠재 사용자) 간의 상호 작용으로 이루어지는 구매 과정을 마치 한 마을에서 바이러스가 퍼지는 것에 비유하여 설명한다. 마을에 바이러스가 발생하면 가장 먼저 감염되는 사람(이를 배스는 혁신자innovator 라고 부름)이 나타나고, 이 사람을 통해 2차로 감염되는 사람(모방자 imitator)들이 생겨난다. 이때 바이러스의 확산 속도는 1차 감염자보다 2차 감염자들에 의해 좌우된다.

신상품의 확산도 마찬가지다. 광고를 보거나 스스로 정보를 수집하여 구매하는 혁신자가 있고, 다른 사람이 구입한 것을 보고 사고 싶어서 사는 모방자가 있다. 이를 그래프로 그리면 모방자의 수는 종 모양 (Bell shape)을 보이며, 이를 다시 누적해서 그리면 S자 모양(S shape) 이 나타난다.

이 모형에서는 지금까지 구입한 사람들의 누적 수를 설명변수로 사용한다. 이를 비선형 또는 선형으로 만들어 혁신확률(p)과 모방확률

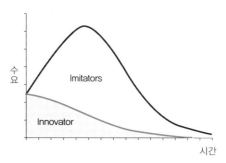

신규 구매자 수(출처 : 위키피디아)

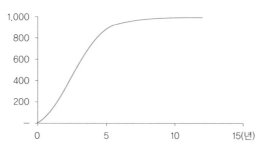

누적 구매자 수(출처 : 위키피디아)

(q)을 통계적으로 구하는 것을 배스 확산모형*을 추정했다고 하는데, 추정된 p, q를 이용하여 미래의 수요를 예측할 수 있다.

필자가 KAIST 박사과정에 있을 때 LG에서 온 임원의 특강을 접할 기회가 있었다. 그는 LG휘센 에어컨의 성공 사례를 설명하던 도중 "여기 예측연구실 출신이 있나요?"라는 질문을 던졌다. 질문의 사연은 이랬다.

1990년대 초 에어컨 보급률이 5% 미만일 때였다. LG그룹은 여름에 비가 많이 오는 바람에 에어컨 재고가 수북이 쌓이자 우리나라 실정에서 에어컨 수요가 얼마나 되는지 예측해보고, 가능성이 없으면

---

*
$$S_t = (p + q \frac{\sum_{i=1}^{t-1} s_i}{N})(N - \sum_{i=1}^{t-1} s_i)$$

만약 p=0.03이고, q=0.3, N=1,000,000로 수식을 구했다면(통계적으로 추정하여 구함), 예측을 해볼 수 있다. S_t를 t 시점의 수요라고 하고 우리가 t 시점에 있고 (t+1)부터의 수요를 알고 싶다면, 시점 (t+1)부터의 수요예측치는 다음과 같이 계산할 수 있다.

$$S_{t+1} = (0.03 + 0.3 \frac{\sum_{i=1}^{t} s_i}{1,000,000})(1,000,000 - \sum_{i=1}^{t} s_i),$$

$$S_{t+2} = (0.03 + 0.3 \frac{\sum_{i=1}^{t} s_i + s_{t+1}}{1,000,000})(1,000,000 - \{\sum_{i=1}^{t} s_i + s_{t+1}\}),$$

$$S_{t+3} = (0.03 + 0.3 \frac{\sum_{i=1}^{t} s_i + s_{t+1} + s_{t+2}}{1,000,000})(1,000,000 - \{\sum_{i=1}^{t} s_i + s_{t+1} + s_{t+2}\}), L$$

이렇게 순차적으로 미래의 수요예측치를 만들어가는 것이다.

에어컨 사업을 접겠다는 방침을 세웠다. 그때 지도교수님과 연구실의 석/박사과정 학생들이 배스 확산모형을 활용하여 이 문제에 대한 프로젝트를 성공적으로 수행했다고 한다. 당시에 예측연구실이 내린 결론은 일시적으로 비가 많이 와서 수요가 줄어든 것이지 장기적으로는 계속해서 늘어난다는 것이었다. 주요 변수로는 강수량, 온도, 정부의 에너지 절감 정책 등이 사용되었다. 만약 예측이 잘못되어 사업을 접었다면 지금 세계 1위인 LG휘센은 더 이상 대한민국에서 보지 못했을지도 모른다.

필자는 회사원, 박사과정 학생, 벤처 기업인, 학생을 가르치는 교수 등 다양한 경험을 했다. 게다가 예측을 전문으로 활동을 해왔다. 그래서 그런지 필자에게 인생의 진로를 문의하는 사람들이 간혹 있다. 그럴 때마다 해주는 말이 있다. "미래는 미래의 눈으로 봐야 한다"는 것이다.

우리는 자신의 고민을 해결하려고 할 때 과거의 경험을 다시 들추어보면서 '내가 이런 사람이니까, 내가 이런 길을 걸어 왔으니까'라는 식으로 생각한다. 그러나 미래는 과거와 다르게 전개되는 경우가 대부분이다. 물론 예측이라는 것도 과거의 규칙대로 미래가 펼쳐질 것이라는 전제를 두고 하지만, 급변하는 추세를 보지 못하고 과거 데이터에만 의존하게 되면 계속해서 틀린 결과를 내게 된다. 인생도, 직업도, 비즈니스도 마찬가지다. 미래는 미래의 눈으로 봐야 한다.

전자제품, 16주 후를 예측하라

    우리나라 제조업, 특히 전자산업은 눈부신 발전을 거듭했다. 세계적인 강자들과의 극심한 경쟁 속에서 이룩한 빛나는 성과는 어디에 내놓아도 손색이 없을 만큼 뛰어난 것이었다. 그 과정은 생산원가를 낮추기 위한 피나는 노력, 그리고 1위 업체를 따라잡기 위한 고난의 행군이었다. 그 결과 지금은 더 이상 줄일 곳이 없을 정도로 정교한 생산환경을 구축하게 되었으며, 지속적인 경영 효율화를 위해 박차를 가하고 있다. 그중에서도 기업들이 가장 공을 들이고 있는 것이 정확한 수요예측이다.

    삼성전자나 LG전자 같은 대기업들은 제품의 크기와 색상을 포함해서 17,000여 가지의 서로 다른 전자제품들을 생산한다. 이 엄청난 규모의 생산을 위해 짧게는 8주, 길게는 16주 앞의 수요를 예측하게 된다. 그래야만 미리 원자재를 주문하고, 주문한 원자재를 받아 제때 제품을 생산할 수 있기 때문이다.

정확한 수요예측을 위해서는 먼저 수요에 대한 정의가 필요하다. 기업에는 수많은 수요 데이터가 존재한다. 주문받은 날을 기준으로 정리된 수요, 납품하는 날을 기준으로 정리된 수요, 실제로 배달하는 날을 기준으로 정리된 수요, 대리점이나 마트에서 판매된 날의 수요가 대표적이다. 가장 좋은 것은 판매가 이루어진 시점을 기준으로 정리된 수요 데이터이지만, 이러한 데이터는 기업에 없거나 있더라도 일별로 정리된 것이 아니라 월말에 한꺼번에 정리한 데이터가 대부분이어서 실제 판매자료라고 보기 어려운 경우가 많다.

필자는 기업으로부터 데이터를 받으면 제일 먼저 실제 여부를 확인하고 이상 유무를 판단한다. 언젠가 모 기업의 데이터를 받았을 때도 엄청난 수요 데이터(냉장고, 세탁기, 핸드폰 등등의 주별 판매자료) 속에서 이상한 점을 발견했다. 수요에 0보다 작은 값이 들어 있었던 것이다. 수요가 0보다 작다는 것은 이해가 되지 않았다. 확인해보니 반품이 포함된 데이터였다. 수요예측의 목표는 실제로 팔릴 만한 양을 예측하는 것이므로 이런 데이터는 의미가 없다. 그래서 반품을 제거한 진정한 수요 데이터를 찾느라 무척이나 애를 먹었다. 기업이 보유하고 있는 ERP(기업정보 시스템)는 대부분 재무나 결산을 위해 만들어져 있기 때문이다.

또 한 가지 애로사항이 있었는데, 광고비였다. 당시 그 기업은 주별로 수요를 예측하고 싶어 했다. 그런데 각 제품군(냉장고, 세탁기, 핸드폰)별로 별도로 사용한 광고비 자료가 없었다. 분명 광고가 수요창출에 긍정적인 영향을 미쳤을 텐데도 주별, 제품군별 광고비를 확인할수 없었다. 제품군을 통틀어 합산한 월별 광고비 자료만 있었다. 또경쟁사가 프로모션을 진행하거나 광고를 실시한 기록도 없었다. 이때필자가 사용한 것이 더미변수였다. 광고하면 1, 그렇지 않으면 0을 갖는 변수다. 경쟁사의 광고비도 같은 방식으로 표기한 변수를 활용했다. 의외로 이 변수는 수요예측을 하는 데 매우 중요한 변수로 사용된다.

하지만 실제로 사용되는 변수는 시간적 추세, 가격, 주차별 특성(명절이나 여름휴가 기간), 경쟁모델의 단가, 판촉을 위한 장려금, 경쟁 모델의 장려금, 경쟁사의 광고, 프로모션 여부 등이다. 또한 특정 모델에 적용되는 마케팅 프로모션이 경쟁사뿐만 아니라 자사의 다른 모델의 수요를 잠식하는 점도 함께 고려하게 된다. 우리는 그러한 현상을 '자기잠식(cannibalization)'이라고 부른다. 이러한 요인 변수들을수집하고, 분석하고, 결과를 확인하면서 어떤 변수는 모형에서 빼고새로운 변수를 넣고 하는 과정을 거쳐 마침내 최종 모형을 결정할 수있었다.

아래는 필자가 만든 체크리스트로 최근 기업들이 구축하고 있는

SCM(supply chain management) 수요예측 소프트웨어 구입 시 확인해야 할 사항들이다.

· 정확한 모형 개발

모형 추정 시 시스템에서 제공되는 주요 통계량 등을 확인할 수 있는지 점검해야 한다(t-통계량, p-value, R-square, F-statistics, DW(Durbin Watson) 통계량 등).

· Best-pick 기능

Best-pick 기능(여러 예측모형 중에서 제일 좋은 것을 자동으로 선택해 주는 기능) 유무를 확인해야 한다. 또한 Pre-defined models(시스템에서 미리 만들어놓은 예측모형)과 별도로 만든 모형(Customized model) 모두를 한 번에 비교하여 선택할 수 있는지 확인해야 한다.

· 수요예측 대상별로 다양한 모형 수립 가능 여부

예측 대상별로 별도의 수요예측모형이 적용되어야 한다. 또 거래선별로 달라야 한다. 예측 대상에 관계없이 동일한 모형을 사용하도록 설정되어 있는 경우가 대부분이다.

· 다중회귀모형 사용

다중회귀모형(Multiple regression)을 사용할 때 필요한 독립변수(설

명변수)를 몇 개까지 추가할 수 있는지 확인해야 한다. 변수의 개수가
미리 한정되어 있어 필요한 변수를 다 사용하지 못하는 경우도 있기
때문이다.

아파트 분양률 예측은 불가능하다?

    요즘 아파트 분양률 예측의 필요성이 더욱 부각되고 있다. 선분양에서 후분양으로 제도가 변경되고, 급변하는 부동산시장 탓에 미분양 사태가 다수 발생하고 있기 때문이다. 주택보증 시 심사 업무의 정확성을 위해서도 분양률 예측은 꼭 필요한 사안이다.

    그럼에도 불구하고 분양률 예측은 소기의 성과를 거두지 못하고 있다. 분양률 예측에 필요한 과거 데이터의 부재 때문이다. 게다가 전국적으로 이루어지는 아파트 분양이 지역마다 평형마다 다르고, 정부의 관련 정책과 부동산 경기에 따라 그때그때 분양률 변동이 심하게 일어난다. 개인의 분양신청 의사결정 과정도 복잡하기 이를 데 없다. 개인의 성향, 현재의 주거 형태(자가, 전세, 월세), 자녀의 교육과 나이, 여유자금의 보유 여부와 금액에 따라 달라진다. 개인이 접하게 되는 정보도 결정에 영향을 미친다. 신규 아파트 동시 분양, 아파트 가격의 하락이나 상승, 신도시 개발 등의 소식을 보고 이에 자극을 받아 분양신청을 고려한다. 이때 가격 상승률이나 입지 조건을 감안하게 된다. 은행의 대출가능 금액도 비교 평가할 것이다. 그렇게 해서 현재의 주거 형태를 유지할 것인지, 아니면 분양을 신청할지를 결정하게 된다.

청약자의 구매 요인을 구체적으로 살펴보면, 첫째로 투자 가치적 요인을 들 수 있다. 투기나 전매 금지, 취득세 감면 등의 정부 정책과 부동산 경기, 향후 가격 상승률, 주변 아파트의 평당 가격과 분양가를 비교하여 상대적 가격 경쟁력을 따져본다. 둘째로 아파트의 지리적 요인이다. 어느 곳에 위치하고 있는지와 함께 편의시설의 유무를 살피게 된다. 복지시설, 공원, 쇼핑단지, 유치원과 학교, 학원 등의 주변 여건, 역세권 여부 등 교통의 편리성을 참고한다. 마지막으로 시공회사의 신뢰도를 생각한다. 시장에서 브랜드 파워가 있는 믿을 만한 회사인지를 알아본다. 이로써 분양신청을 통해 얻게 되는 가치, 즉 효용을 극대화하려 한다.

필자는 2003년 서울에서 동시 분양이 이루어지는 총 39단지 4,343가구의 일반 분양 자료를 이용하여 분양률 예측을 위한 시범(Pilot) 모형을 개발한 적이 있다. 모형은 분양이 100% 이루어지면 1, 하나도 이루어지지 않으면 0을 갖는 로지스틱 회귀(Logistic Regression)모형을 사용했다. 이 모형은 주로 은행에서 기업이나 개인의 부도 예측을 위해 신용·점수모형(Credit Scoring Model)을 개발할 때 사용된다. 모형 개발에 사용한 변수는 가격 상승률, 가격 경쟁력, 입지 특성, 단지 특성, 건설사의 브랜드 파워, 주변 환경과 분양 가격, 평형, 일반 분양 가구 수, 전체 가구 수, 입주 예정일, 전매 금지 등의 정책 효과 등이 었다.

참으로 쉽지 않은 작업이었다. 자료 수집에도 매우 많은 시간이 소요되었지만, 무엇보다 정확한 정량적 자료를 확보하는 어려움이 컸다. 정성적인 자료 또한 부정확한 경우가 태반이었다. 설상가상으로 분양률에 대한 정의 자체에 여러 가지 기준이 적용되고 있어 매우 혼란스러웠다. 그런 속에서도 잘만 분석하면 75% 정확도의 모형을 개발할 수 있다는 사실을 확인했다.

예측이 어렵다며 예측 가능성 자체까지 부정하는 실무자들을 종종 접하게 된다. 수십 년간 한 업무에만 종사한 사람들이 도저히 예측이 불가능하다고 단언하곤 한다. 그들에게 짧은 기간이지만 열심히 분석해서 적은 수의 변수로 매우 정확한 모형을 만들어 보여주면 크게 놀라곤 한다.

많은 변수를 사용한다고 해서 반드시 좋은 결과가 나오는 것은 아니다. 예측모형을 만드는 학자들이 자주 인용하는 용어 중에 'parsimonious(인색한)'가 있다. 복잡한 변수나 함수 사용을 자제하라는 뜻이다. 뒤집어 말하면 간단한 모형, 즉 적은 변수를 가지고 많은 것을 설명할 수 있는 모형이 좋은 모형이라는 이야기다. 그런데도 중요한 변수가 반영되지 않았다는 이유로 변수 수를 늘리려고 하는 일이 비일비재하다. 이럴 때 필자가 자주 쓰는 표현이 있다. "인과관계에서 무엇이 관련 있다는 것을 아는 것도 중요하지만, 관련이 없다는 것을 아는 것 또한 그에 못지않게 중요하다"는 말이다. 중요해 보여도 관련성이 없을 때는 과감히 제외시킬 줄 알아야 한다.

'까마귀 날자 배 떨어진다'는 속담이 있다. 까마귀가 배를 건드리지 않았는데도 배가 떨어지면 그 원인을 까마귀한테 돌리는 경우를 가리킨다. 이를 통계에서는 '가성회귀(Spurious regression)'라고 하는데, 관련성이 없는 변수들끼리 모아서 단순히 상관관계가 높다는 것 때문에 이를 인과관계로 해석할 경우 잘못된 추론을 하게 된다는 것이다. 원인을 규명하고자 할 때 혹시라도 일시적인 상관관계를 직접적인 인과관계로 오인하는 경우가 없는지 유심히 살펴봐야 한다.

이러한 오류를 줄이는 가장 좋은 방법은 현장 경험이 풍부한 감이 좋은 사람과 많은 대화와 논의를 통해 검증하는 것이다. 통계적으로 유의미한 결과라도 과연 상식적인 것인지, 실제 경험과 부합하는지 질문하고 확인할 수 있어야 한다.

보험, 예측의 정확도를 높여라

필자는 2008년부터 3년간 보험의 종류별로 매년 신규 계약건수를 예측하는 프로젝트를 수행한 바 있다. 종신, CI, 정기, 보장성, 연금, 저축, 어린이보장, 어린이교육 보험의 수요가 얼마가 될지 알아내는 과제를 의뢰받았던 것이다.

필자에게 예측을 의뢰한 회사는 이전에도 그런 작업을 해오던 곳이었다. 그런데 예측의 정확도를 좀 더 끌어올릴 필요가 있다고 판단했던 모양이다. 그동안에는 2,500여 가구를 대상으로 설문조사한 결과만 가지고 예측을 해왔다고 했다. 필자는 2000년 이후 월별 계약건수가 자료로 정리되어 있는 것을 확인하고 이를 분석하여 설문조사를 통한 예측 결과와 함께 회사에 제출했다.

설문조사는 대부분 계약을 가정하고 질문에 답하는 형식으로 이루어진다. 이것이 실제 계약으로 연결되는 비율을 '실현율'이라고 하는데, 정확한 기준이 없어 마케팅 조사 업체마다 서로 다른 실현율을 적용하고 있었다. 이와 달리 실제의 계약자료가 시간에 따라 정리되어 있는 자료를 '시계열 자료'라고 하는데, 이 자료가 없을 때는 설문조사가 유일한 예측 수단으로 쓰이게 된다.

1년 후 예측 정확도를 비교해보았더니 설문조사 결과보다 시계열 자료를 분석하여 예측한 것이 더 정확하다는 사실이 드러났다. 이후 3년 동안 이 회사의 예측 프로젝트를 맡아 진행하게 되었다. 시계열 자료로 분석하는 것이 반드시 옳다고 할 수는 없지만, 예측하는 사람으로서 매우 보람 있는 시간이었다.

매년 보험 수요를 예측하는 이유는 다른 것이 아니다. 보험별로 수요를 알면 기업 입장에서는 필요한 보험설계사 수를 정할 수 있고, 종류에 따라 다른 혜택을 제공할 수 있다. 가구별로 보험료로 지불하는 금액에 한도가 있기 때문에 수요를 미리 알면 보험별로 보장 내용을 결정하여 보험회사의 매출과 수익을 계산하는 것이 가능해진다.

이때 중요한 요인이 'Life Cycle Stage(LCS, 생애주기단계)'다. 이는 1인 가정, 막 결혼한 신혼 가정, 아기 1명이 있는 가정, 초등학교 자녀를 둔 가정, 첫째가 중학교에 다니고 둘째가 초등학교에 다니는 가정, 대학생을 자녀로 둔 가정, 자녀가 출가해서 다시 부부만 살게 된 가정, 부부 중 하나가 사망하여 다시 혼자가 된 노후 1인 가정 등으로 구분할 수 있는데, 보험회사에서는 이 같은 LCS마다 필요한 보험을 설계해서 판매를 독려한다. 이를 잘 분석하여 보험설계사들을 교육하고, 결과적으로 기업의 매출을 경쟁사보다 높이려고 노력하는 것이다.

필자는 예측을 위해 월별로 전체 신규건수와 이에 따른 보험료 자료를 수집했다. 신규건수 예측을 위해 선택한 변수는 경제 관련 변수, 계절성 변수, 정책이나 보험의 이율 관련 변수, 보험별 대체/보완 관계 변수 등이었다. 경제 관련 변수는 통계청이나 한국은행 등을 통해 수집했는데 가계 금융총자산(가계의 금융총자산 금액), 가구 소득, 물가지수, 주가지수, 30~40대 실업률, 이자율, 출생아 수 등이었다. 시장의 주요 변화와 보험사의 핵심 이슈에 대한 자료로는 보험업계의 계절성(3월이면 어린이 관련 교육 및 보장보험을, 새해가 되면 정기보험이나 종신보험을 가입하는 경우), 경험생명표(평균수명의 기준이 몇 년에 한 번씩 변함), 예정이율, 주요 보험사의 신상품 출시와 방카슈랑스 도입과 관련된 사항들을 수집했다. 마지막으로 보험 간 대체/보완 효과 등을 참고했다.

최근에는 보험업계가 하나로 통합된 상품을 내놓거나 여러 상품을 하나로 묶는 방향으로 가고 있다. 이와 더불어 보험에 가입하는 가구의 특성도 변해가고 있다. LCS가 변하고 있기 때문이다. 혼자 사는 1인 가정이 늘고, 자녀 수가 줄고, 수명 연장으로 고령화사회가 되어가는 등의 변화가 급속히 나타나고 있다.

　이러한 변화는 마케팅에도 많은 시사점을 던져준다. 위의 사진은 이러한 LCS의 변화를 극적으로 보여주는 상품으로, 개인의 혈액형에 따라 샐러드를 선택할 수 있게 했다. 1인 가구를 위한 상품의 전형적인 예로 볼 수 있다.

　가족 구성원의 변화는 앞으로도 다양한 형식으로 진화할 것이다. 이것이 우리의 일상생활과 기업 경영에 미칠 파장 또한 엄청날 것이다. 개인이든 기업이든 LCS의 변화에 주목하고 예측과 대비에 소홀함이 없도록 해야 하는 이유가 여기에 있다.

전력 수요예측

매년 반복되는 의문이다. 왜 우리는 가장 더울 때 에어컨을 꺼야 하는가? 도대체 전력 수요예측은 누가 하길래 해마다 전력이 모자란다며 난리를 피우고 한창 더울 때 에어컨을 켜지 못하게 하는 걸까?

국가별 전력 소비량을 보면 우리나라는 확실히 전력을 많이 소비하고 있다. 게다가 해마다 소비량이 크게 증가하고 있다. 그렇다고 이를 강제적으로 줄일 수는 없는 노릇이다. 문제는 예측이다. 예측만 잘해도 전력 문제로 인한 대란은 얼마든지 피할 수 있다. 과연 전력 소비량은 예측이 불가능한 것일까? 어떻게 하면 이를 해결할 수 있을까?

전에 서울에 소재한 한 기관으로부터 건물의 전력 수요를 예측해달

YYYYMMDDHHMM	전력 사용량	holiday	mon	tue	wed	thu	fri	sat	sun	work_time	degree
201201010015	246.06	0	0	0	0	0	0	0	1	0	0.3
201201010030	249.3	0	0	0	0	0	0	0	1	0	0.3
201201010045	249.84	0	0	0	0	0	0	0	1	0	0.3
201201010100	243.9	0	0	0	0	0	0	0	1	0	0.3
201201010115	249.12	0	0	0	0	0	0	0	1	0	-0.1
201201010130	246.96	0	0	0	0	0	0	0	1	0	-0.1
201201010145	241.74	0	0	0	0	0	0	0	1	0	-0.1
201201010200	243.9	0	0	0	0	0	0	0	1	0	-0.1
201201010215	244.26	0	0	0	0	0	0	0	1	0	-0.5
201201010230	242.64	0	0	0	0	0	0	0	1	0	-0.5
201201010245	244.44	0	0	0	0	0	0	0	1	0	-0.5

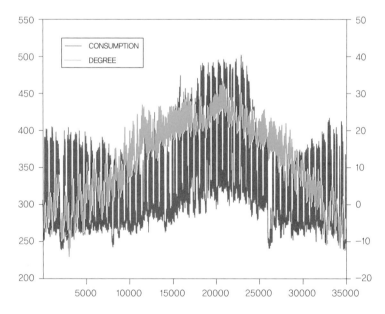

건물의 15분 전력 소비량과 온도. 파란색은 온도(오른쪽 축), 검정색은 15분별 전력 소비량(왼쪽 축)

라는 요청을 받은 적이 있다. 필자는 1년간 15분 간격으로 35,136개의 시계열 자료를 수집했다(앞의 표는 2012년 1월 1일 자정부터 2012년 12월 31일 밤 12시까지 해당 건물의 전력 소비량을 15분 간격으로 정리한 것이다). 또 1시간 간격으로 그 지역의 온도를 조사했다(앞의 그래프는 전력 소비량과 온도를 그린 것이다). 이어 분석에 들어갔다. 요일별 특성을 고려하여 휴일 여부, 각 요일과 근무시간(work time)을 '0'과 '1'로 구분하는 더미변수를 활용했다.

필자는 요일별 특성과 온도 변수 외에 직전 시간대(15분 전), 30분 전, 1시간 전, 1주 전의 과거 시간대를 모형에 포함하여 간단한 수식을 만들었다. 이를 이용해서 하루를 예측해보았더니 예측오차가 약 3%로 나타났다. 즉 예측의 정확도가 97%를 보인 것이다. 단순히 온도와 요일 특성만을 고려한 예측식이었지만 꽤 만족할 만한 결과였다. 다시 말해서 건물은 요일별 특성과 온도만으로도 제법 정확한 예측을 할 수 있다는 것이다.

현재 해당 기관은 필자가 개발한 예측 방법을 다른 건물에도 확대 적용하여 활용하고 있다. 참고로 필자가 예측식 개발을 위해 직접 분석한 데이터 결과(오른쪽 표)를 소개한다. 분석에 사용된 데이터는 모두 34,464개였다. R-squared는 전체 데이터의 몇 %를 모형으로 설명했는가를 보여주는 결정계수로, 표에서는 99%를 설명하고 있음을 나타내고 있다. 여기에 사용되는 변수가 통계적으로 의미가 있는지(significant)는 오른쪽의 Prob.(p-value)을 보고 판단한다. 수치가 작

Dependent Variable: CONSUMPTION
Method: Least Squares
Sample (adjusted): 673 35136
Included observations: 34464 after adjustments

Variable	Coefficient	Std. Error	t-Statistic	Prob.
DEGREE	0.043016	0.002794	15.39510	0.0000
FRI	-0.381107	0.079166	-4.814047	0.0000
HOLIDAY	-1.639069	0.165210	-9.921113	0.0000
MON	0.665633	0.092512	7.195129	0.0000
SAT	-0.819418	0.094626	-8.659559	0.0000
SUN	-0.334804	0.087126	-3.842755	0.0001
WORKTIME	3.625702	0.091405	39.66653	0.0000
C	6.473655	0.231058	28.01749	0.0000
CONSUMPTION(-1)	1.278326	0.005203	245.6887	0.0000
CONSUMPTION(-2)	-0.329386	0.004976	-66.20080	0.0000
CONSUMPTION(-96)	0.010304	0.000816	12.62761	0.0000
CONSUMPTION(-672)	0.016055	0.001024	15.68211	0.0000

R-squared	0.994343	Mean dependent var		319.1831
Adjusted R-squared	0.994341	S.D. dependent var		63.36387
S.E. of regression	4.766497	Akaike info criterion		5.961449
Sum squared resid	782732.0	Schwarz criterion		5.964390
Log likelihood	-102715.7	Hannan-Quinn criter.		5.962386
F-statistic	550530.5	Durbin-Watson stat		2.090853
Prob(F-statistic)	0.000000			

예측식 개발을 위한 데이터 분석 결과

을수록 변수가 유의미하며 실수할 확률이 작다고 보면 된다. 예측식에 필요한 변수로 판단할 수 있는 것이다.

그렇다면 국가 전체의 전력 수요량을 예측하는 것은 어떨까? 왜 우리는 번번이 예측에 실패하고 마는 걸까? 우리나라의 산업용 전력 소비량은 OECD 평균의 2배가 넘는다. 산업 구조가 제조업 중심인 데다 다른 나라들보다 전력 가격이 매우 저렴한 편이기 때문이다. 특히 산업용과 농업용은 경쟁력을 위해 낮은 가격 정책을 유지하고 있다. 하지만 전력 소비량이 많다는 것이 예측이 안 되는 이유를 설명해주지는 못한다.

정확한 예측을 위해서는 소비 실태를 이해해야 한다. 필자가 예측을 했던 건물처럼 몇 가지 변수로 예측이 가능한 경우와는 달리 국가 전체의 전력 수요량은 실제 소비자들이 어디에 어떻게 사용하는지를 파악해야만 예측의 정확도를 높일 수 있다. 저렴하다는 이유로 농가에서 전기장판을 무한정 켜놓고 있는 것은 아닌지, 가동하지도 않으면서 공장의 불을 켜놓은 상태로 놔두고 있는 것은 아닌지 제대로 살펴야 한다. 그렇지 않으면 또다시 예측을 벗어난 전력 사용으로 혼란을 맞을 수밖에 없다.

전력 예비량을 충분히 확보하는 것도 중요하다. 하지만 무한정 늘릴 수만은 없는 일이다. 발전소를 짓는 비용도 만만치 않지만, 안전과 환경 문제로 거센 반대에 부딪힐 수 있기 때문이다.

아마도 먼 미래에는 지금의 상황이 하나의 에피소드처럼 여겨질 때가 올지도 모른다. 새로운 에너지원이 개발되어 맘 놓고 전력을 사용할 날이 올 수도 있다. 하지만 그것은 어디까지나 미래의 일이다. 지금은 보다 정확한 전력 수요예측을 위해 정책 입안자와 전문가의 긴밀한 협조가 필요한 시점이다. 그것이 상대적으로 사용량이 적은 일반 가정들을 대상으로 절약 캠페인을 벌이는 일보다 시급하고 중요하다.

TV 모니터는 얼마나 더 커질까?

삼성전자는 2013년 3월 20일 미국 뉴욕 맨해튼에서 최신 스마트 TV F8000을 공개하고 본격적인 판매에 돌입했다. 이날 삼성전자는 세계 최대인 85형 UHD TV 85S9도 함께 선보였는데, 이들 주력 제품을 기반으로 북미 TV 시장에서의 장악력을 한층 더 높여나가겠다고 말했다.

시장조사기관 NPD에 따르면 2012년 삼성전자는 미국 평판TV 시장에서 약 30%의 점유율(판매액 기준)을 기록하며 압도적인 1위에 올랐다. 미국에서 시장점유율 30%는 TV업계에서는 달성이 거의 불가능한 수치로 받아들여진다고 한다. 그런데도 삼성전자는 현재 급성장

중인 미국 스마트TV 시장에서 앞으로도 점유율을 더 끌어올릴 여지
가 충분하다고 자신하고 있다.

물론 장밋빛 전망만 있는 것은 아니다. LG디스플레이의 경우 2012
년 2분기까지 7분기 연속 적자를 내며 헤어나오기 어려울 정도로 깊
은 수렁에 빠진 적이 있다. 이와 같은 상황에서 기업의 고민은 커질
수밖에 없다. 언제 끝날지 모르는 세계적인 불황에다 변덕스러운 수
요로 신제품 개발에 애를 먹고 있다.

2010년 한 TV 디스플레이 회사에서 필자에게 의뢰가 왔다. 이 회
사는 LCD TV의 새로운 크기(전에 없었던 더 큰 크기)를 생산하는 라인
을 만드는 데 들어가는 돈이 약 9조 원이라고 했다. 천문학적인 금액
이었다. 더욱 놀라운 사실은 그것이 좋은 반응을 얻어 주력 모델이 된
다 해도 팔리는 기간, 일명 수명주기(Life cycle)가 2년 정도밖에 되지
않는다는 것이었다. 한마디로 제때 공장을 지어 최대한 빠르게 많이
판매해야 성공할 수 있다는 계산이 나온다. 따라서 해당 회사는 공장

설립에 필요한 1년이라는 기간과 그 모델이 주력으로 떠오르는 시점을 정확하게 예측해서 9조 원을 투자할 것인지 말지를 결정해야 하는 상황이었다.

여기에는 또 다른 고민도 숨어 있었다. 사람들이 구입하는 TV가 얼마나 커질 것인가 하는 것이었다. 아무리 LCD를 크게 만든다고 해도 무한정으로 키울 수는 없는 노릇이다. 천장의 높이와 소파에서 벽까지의 거리가 있기 때문이다. 또한 대형 TV는 워낙 고가라서 과연 살 만한 사람이 얼마나 있을지도 불투명했다.

이 문제를 해결하기 위해 필자는 미국에서 판매되는 TV의 가격, 해당 사이즈의 누적 판매량, 계절성 변수(연말의 할인행사 기간 등), 가계 수입과 실업률 등의 자료를 수집했다. 정책과 기술에 따른 변수가 시장에 미치는 영향도 빼놓을 수 없었다. 디지털방송으로 전환한다는 공식 발표가 있었던 시점, 그것이 현실화된 시점, LED 기술의 개발과 적용 시점, LED 기술이 모든 사이즈에 적용되는 시점, 3D TV가 출시되는 시점 등이 그것이다. 마지막으로 가격 변수인데, 분석을 하면서 사람들이 가격에 반응하는 정도가 가격대에 따라 다르다는 것을 확인했다. 가격이 $3,000 이상일 때와 $2,000일 때, $1,000일 때와 $1,000 이하일 때의 반응이 모두 다른 것이다. 대체로 일반 소비자들은 일정 기간이 지나면 TV 가격이 떨어질 것을 예상하고 속으로 준거가격(reference price)을 설정해놓고 있다가 그 가격이 되면 구매하는 경향을 보인다. 따라서 가격 변동에 따라 생산량과 점유율(특정 사이즈가 차지하는 비율)을 신중히 결정해야 한다. 더불어 다른 인접한 사이즈의 가격 변수도 참작해야 한다.

점유율을 예측하는 데는 여러 함수가 사용되지만, 필자가 사용한 함수는 0 아래의 값과 1보다 큰 값을 예측하지 않는 비교적 제한된 형태를 가진 것이었다. 이를 통해 로지스틱 회귀모형*을 개발했다.

최근의 TV시장은 모니터 크기 변화뿐만 아니라 Second TV, TV 겸용 PC 모니터, 태블릿PC 같은 전자기기의 TV 대체가 동시에 진행되면서 복잡한 양상을 띠고 있다. TV 간의 자체 경쟁뿐만 아니라 속속 등장하는 새로운 기기들과의 경쟁이 예측을 더욱 어렵게 만든다.

앞으로도 디스플레이 제조업체는 계속해서 더 큰 크기의 TV를 개발하여 판매할 것이다. 현재로서는 어느 정도까지 커질지 확언할 수 없지만 전망도 나쁘지 않다. 성공의 관건은 모든 상품이 그렇듯 과연 소비자들의 지갑을 열 수 있는가이다. 여기에는 모니터의 크기 외에 가격, 그리고 볼거리(영화, 드라마, 게임 등) 같은 활용 범위가 중요한 기준으로 작용할 것이 틀림없다.

---

* $점유율 = \dfrac{1}{1 + e^{\alpha + \beta - X}}$

점유율을 예측하는 데 사용되는 로지스틱 회귀모형 수식

4

어디에나
베스트는
있다

가격, 소비 행동, 장소 예측

통신요금, 내린다면 얼마나?

　2001년 필자가 속해 있는 KAIST 예측연구실이 한 이동통신사로부터 연구 의뢰를 받았다. 내용은 요금을 과연 얼마나 인하해야 하며, 그러면 매출액이 얼마나 감소할 것인지를 예측해달라는 것이었다. 혹시 요금을 내리면 휴대전화를 더 많이 사용하게 되어 통화량이 늘지 않을까 하는 부분도 연구의 중요한 테마였다. 그런데 해당 통신사의 마케팅 담당자는 요금 인하로 당장 매출이 줄어들 것이라고 걱정했다. 회사 사장은 사장대로 공공서비스로서 사용자의 편익도 생각해야 하고, 요금을 인하하지 않거나 조금만 내렸을 경우 미운털이 박혀 회사 이미지가 훼손되지 않을까 고민하고 있었다.

이 문제의 해결책은 사람들의 휴대전화 사용행태 유형을 분석함으로써 요금을 내릴 때 더 많이 사용할 사람들을 찾아내어 그들을 중심으로 혜택이 돌아가도록 하는 방안을 찾는 것이었다. 그러면 회사는 매출 감소를 최소화하면서 사용자들이 원하는 요금 인하도 단행할 수 있었다.

그러면 소비자들의 휴대전화 사용행태를 어떻게 찾아낼 수 있을까? 통화료를 내렸을 경우 요금에 민감한 사람들은 통화량을 얼마나 더 늘리게 될까? 이런 상황에서 회사 전체의 매출은 어떻게 될까? 우리 연구팀은 이런 문제에 답해가며 예측 공식을 만들어나갔다.

고등학생 정민이의 경우를 생각해보자. 정민이의 휴대전화 사용량은 고지서가 좌우한다고도 할 수 있다. 지난달에 많이 썼으면 엄마에게 한바탕 잔소리를 듣고 이번 달에는 줄여야 할 것이고, 시험기간이었거나 사귀던 여자친구와 헤어졌거나 하는 사정으로 요금이 조금밖에 안 나왔다면 이번 달에는 마음 편히 사용할 수 있을 것이다. 다시 말해서 지난달 사용량에 따라 이번 달 사용량이 변하게 된다. 이를 수식으로 나타내면 '이번 달 통화량= 상수 1 + 상수 2 × 지난달 사용량'이다. 이처럼 어떤 수치가 과거 값과 관련을 가질 경우 '자기상관(autocorrelation)'이 있다고 말한다. 정민이처럼 엄마의 잔소리에 따라 사용량이 오르락내리락하게 되면 '음의 자기상관'이 있는 것이다. 이때 수식에서 상수2는 음수가 된다. 사업하는 정민이 아빠는 어떨까? 아빠는 거의 생활 패턴이 일정해서 매달 통화량도 변동이 없을 것이다.

요금이 인하되면 정민이와 정민이 아빠는 어떻게 할까? 우선 정민이는 요금이 내린다는 소식을 들으면 엄마와 상의할 것이다. "엄마, 요금이 싸지니까 조금 더 써도 되지?"라고 말이다. 그러면 엄마는 "그래, 조금만 더 써. 그래도 예전보다 많이 쓰면 안돼"라고 답할 것이다. 요금이 인하되면 엄마의 잔소리가 예전보다 줄어들게 된다. 정민이 아빠의 경우에는 요금이 내리면 유선전화를 써도 될 때 휴대전화를 쓰는 일이 늘어나게 될 것이다. 또 단축번호를 이용해서 휴대전화를 전보다 더 많이 쓰는 습관이 붙을 수도 있다. 물론 요금 인하와 무관하게 전과 동일하게 쓸 수도 있다.

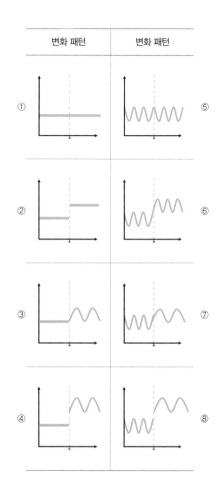

실제로 2000년 4월에 휴대전화 요금이 인하된 적이 있다. 필자와 연구팀은 이 시기를 전후한 5만 여 명의 통화량 자료를 분석했다. 그 결과 8가지 사용량 행태를 보인다는 사실을 알아냈다. 위는 이를 그래프로 나타낸 것이다. ①은 변화가 전혀 없는 경우이고, ②는 요금

인하가 즉각적인 통화 사용량 증가로 이어진 경우이다. ⑦은 엄마의
잔소리 주기가 길어진 경우를 나타낸다.

　예측은 사람들의 행태를 자세히 관찰하고 그 결과를 제대로 분석
해서 수학공식으로 만들어야 정확도를 높일 수 있다. 통화량 예측에
서는 사람들이 일반적으로 보이는 행태가 거의 그대로 나타났는데,
이번 주에 열심히 공부했으면 '아, 열심히 했으니 좀 놀아도 되지 않겠
어?'라며 좀 더 놀고, 많이 놀았던 주에는 반성을 하면서 '다음 주에
는 열심히 해야겠다'고 결심하는 것처럼 바로 앞의 과거와 반대되는
행동을 취하는 식이었다.
　새옹지마(塞翁之馬)와 전화위복(轉禍爲福)이라는 고사성어가 있다.
바로 전에 좋은 일이 있었으면 다시 나쁜 일이 생기고, 나쁜 일이 있
었어도 좋은 일로 바뀔 수 있다는 뜻이다. 세상일이 그렇듯 사람들도
과거와 다르게 움직이는 모습(음의 자기상관)을 보인다. 통화 사용량의
변화에 대한 예측도 이 같은 현상을 반영하는 방법으로 결과를 구할
수 있다.

휘발유 가격, 로켓처럼 오르고 깃털처럼 내린다?

2000년대 국제 유가는 주요 사건에 의해 크게 요동쳤다. 2002년 부시 미국 대통령의 '악의 축' 발언 이후 이라크 공격 가능성 제기와 이스라엘과 팔레스타인의 갈등 격화, 2003년의 이라크 전쟁으로 인한 불안, 2006년의 이스라엘-레바논 전쟁, 2008년 이란의 핵 문제와 리먼브러더스 파산을 통한 국제 금융시장 위기, 2010년 유럽 국가들의 부도 위기와 그리스와 아일랜드 구제금융, 2011년 리비아 내전이 있었다. 그 외에 미국의 경제성장 둔화도 국제 유가의 변동을 유발한 주요 원인이 되었다.

이와 같은 국제 유가의 변동에 따라 국내 주유소들이 휘발유 가격을 비대칭적으로 결정하고 있다는 비판과 함께 정유사들의 비윤리적 경영에 대한 지적이 언론에 자주 등장했다. 이에 대해 우리나라 대통령이 "기름값 인하를 검토해보라"는 지시를 내리기도 했고, 지식경제부 장관이 "정유사는 주유소가 기름값을 안 내린다고 하고, 주유소는 정유사가 비싼 가격에 공급한다고 서로 손가락질하고 있다"면서 "가격이 제일 높은 전국 500개 주유소의 공급 실태를 조사하겠다"며 "500개 주유소를 샘플링해서 주유소 유통 과정의 문제점을 보고, 유사 석유제품 단속도 할 것"이라고 밝히기도 했다. 이 과정에서 "주유소의 회계장부도 들여다보겠다"고까지 했다. 가격이 비싼 주유소의 회계장부를 분석하여 정유사로부터 받는 실제 공급가가 얼마이고, 주유소가 챙긴 실제 마진은 얼마인지 구체적으로 파악하겠다는 의지를 보임으로써 가격 인상을 견제하겠다는 뜻이었다.

지식경제부가 2011년 6월 2일 발표한 국내 유가와 주유소의 판매량 변화 추이에 따르면 2010년 10월 이후 휘발유 가격의 상승폭이 커짐에 따라 주유소 판매량도 감소 추세를 보였다. 또한 소비자들이 최저가 주유소를 찾아주는 스마트폰 어플리케이션과 한국석유공사 정보를 적극 활용하고, 대중교통의 사용을 늘리고, 각종 할인 혜택이 많은 신용카드를 사용하는 모습을 나타냈다.

주유소 휘발유 가격의 국제 유가 대비 비대칭성은 영국의 에너지 전문가인 로버트 베이컨(Robert W. Bacon)이 1991년에 처음으로 제시한 '로켓과 깃털(Rockets and Feathers)' 가설로 설명할 수 있는데,

원유 가격이 오를 때는 휘발유 가격이 로켓 발사처럼 빠르게 오르고 원유 가격이 내릴 때는 새의 깃털이 공중에서 떨어지듯 휘발유 가격이 천천히 내려간다는 것이다. 심지어 원유 가격의 하락에도 국내 유가는 오름세를 보이는 경우도 있는데, 이와 관련하여 불투명한 정유사의 가격 결정에 대한 비판과 정유사들 간의 담합에 대한 의혹이 제기되기도 했다.

필자는 이를 확인하고자 자료를 수집하고 분석에 들어갔다. 휘발유 가격 등 주요 자료는 한국석유공사로부터 제공받았고, 분석 기간은 2003년 1월 첫째 주부터 2011년 3월 마지막 주까지로 잡았다. 국제 유가는 우리나라의 원유 수입량 중 가장 많은 부분을 차지하는 두바이유를 기준으로 삼았으며, 매주 일요일부터 토요일까지를 한 주로 해서 국내 주유소들의 휘발유 가격을 주별로 정리했다. 또한 환율 변동의 효과를 반영하기 위해 현찰로 달러를 살 때의 가격을 일별로 수집하고 주별 평균을 계산했다. 그렇게 해서 주간 국제 유가를 환율이 고려된 변수로 변환했다.

다음의 그래프는 국내 휘발유 주유소의 주별 판매 가격(부가세 포함)과 국제 두바이유 가격의 추이를 그린 것이다. 왼쪽은 리터당 휘발유 판매 가격이고, 오른쪽은 배럴당 국제 유가를 나타낸다.

분석 결과 국제 유가와 국내 휘발유 판매 가격 사이에 비대칭적이고 비비례적인 관계가 있다는 사실을 확인할 수 있었다. 특히 국제 유가가 하락할 때 이에 따른 판매 가격의 인하를 깃털이 떨어지는 것처

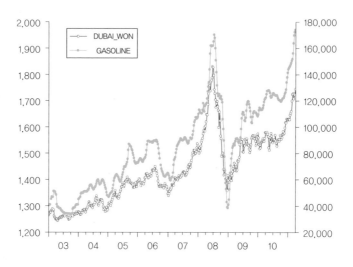

럼 하고 있다는 점이 그대로 드러났다. 하지만 이것을 담합의 증거로 보기는 어려웠다. 가격 변동에 따라 조정이 이루어진 결과로 보는 것이 타당할 것이었다. 특이한 점은 국제 유가가 인상될 때 휘발유 가격이 로켓이 솟구치듯 급격히 오르지는 않았다는 사실이다. 비대칭인 반응을 보이기는 했으나 예상했던 수준만큼은 아니었다. 이는 휘발유 가격의 급등을 우려한 정부기관의 개입에다 소비 감소를 예방하려는 주유소의 노력이 효과를 거둔 것으로 해석되었다.

이와 같은 결과는 정부의 유류 정책과 가격 관리에 중요한 시사점을 제공한다. 보다 효과적인 활용을 위해 해결해야 할 과제도 있다. 먼저 분석 단위를 좀 더 세분화할 필요가 있다. 통합자료(aggregated data)인 전체 주유소의 평균 가격에서 주유소별 또는 정유사별 가격으로 분리하여 분석이 이루어져야 한다. 또한 어느 정도까지를 비대칭적, 비비례적인 가격 결정으로 볼 것인지에 대한 논의가 있어야 한다. 이를 통해 국제 유가 변동을 국내 판매 가격에 적용하는 합리적 기준을 마련해야 할 것이다.

프로모션은 매출에 얼마나 기여할까?

2012년 11월 대전 모 중형 마트에서는 20대와 40대 여성 간의 격렬한 몸싸움이 벌어졌다. 동서식품과 남양유업 판촉사원 간에 다툼이 벌어진 것이다. 40대의 동서식품 판촉사원인 A 씨는 이 마트에 상주하면서 동서식품의 커피믹스인 '맥심' 판촉을 하고 있었다. 후발주자인 남양유업의 20대 판촉사원 B 씨는 '프렌치카페' 커피믹스를 판촉하고 있었다. 경쟁사인 두 회사의 커피믹스를 판촉하고 있던 둘은 미묘한 신경전을 벌였다. 그러던 중 A 씨가 남양유업의 커피믹스를 이 마트의 판매 선반에서 치워버리자 B 씨는 거세게 항의했다. 그러자 A 씨는 B 씨를 밖으로 끌고 나갔다. B 씨는 전치 3주의 부상을 입었다며 A 씨를 폭행 혐의로 고소했고, 법원은 A 씨에게 70만 원의 벌금형을 내렸다.

1조 2,000억 원 규모의 커피믹스 시장을 놓고 업체 간에 치열한 경쟁이 벌어지고 있다. 29일 관련업계에 따르면 동서식품이 주도해온 커피믹스 시장에 후발업체들이 가세하면서 과열 양상을 보이고 있다. 지금까지 커피믹스 시장은 동서식품, 남양유업, 네슬레의 3강(强) 구도였다. 그러나 지난해 롯데, 서울우유가 커피믹스 시장에 진출한 이후 농심까지 가세하며 6파전 양상을 띠고 있다. 이처럼 커피믹스 시장을 놓고 경쟁이 치열해지면서 점유율을 빼앗기지 않으려는 선발업체와 점유율을 빼앗으려는 후발업체 간 날 선 공방이 이어지고 있다.　〈조선일보〉 2013. 1. 29

세계적인 식품회사 네슬레는 테이스터스 초이스라는 브랜드를 앞세워 전 세계 83개국에 진출, 82개국에서 시장점유율 1위를 기록하고 있다. 그런데 딱 한 곳 대한민국에서는 사정이 다르다. 1위에 한참 뒤처진 2위에 머물러 있는 것이다. 이처럼 세계 1위의 브랜드도 맥을 못 추는 곳이 우리나라 커피시장이다.

2009년 필자는 모 커피회사로부터 프로모션과 가격을 최적으로 결정해달라는 요청을 받아 프로젝트를 진행한 적이 있다. 이 회사의 CEO는 슬리퍼나 컵, 또는 다른 프로모션 물품들이 실제 판매에 얼마만한 효과가 있는지를 알고 싶어 했다. 많은 비용을 들여 판촉물을 제공하고 있지만 과연 판매에 실질적인 도움을 주고 있는지에 대해 강한 의구심을 가지고 있었다.

필자는 먼저 커피의 15개 SKU (Stock Keeping Unit, 재고관리 단위)별로 지난 1년간의 소비자 가격, 할인 가격, 경쟁사의 프로모션, 프로모션 상품, 할인 쿠폰, 전단지 광고, 휴일 수, 매장에서의 진열 위치 (사진에서 보이는 오른쪽을 '엔드End 매대'라고 한다. 안쪽에 진열하는 경우보다 판매 효과가 크다) 등에 관한 내용을 복기하여 자료로 정리했다. 왜냐하면 이러한 내용들은 그때그때 의사결정만 하고 기록으로 보관해두지 않는 경우가 태반이었기 때문이다.

수요를 예측하는 데는 과거의 수요 상태를 파악하는 것도 중요하지만, 이러한 수요를 일으킨 마케팅 활동이 무엇이었는지를 확인하는 일이 필수적이다. 그렇기 때문에 필자는 회사 관계자들에게 '기록'의 중요성을 누누이 강조한다. 수요예측 의뢰가 들어올 때에도 수요를 설명할 수 있는 변수, 즉 설명변수를 달라고 먼저 요구한다. 없다고 하면 수집해서 다시 오라고 한 적도 많다. 설명변수의 조합으로 수요를 설명하는 식을 만들어야 예측이 가능하기 때문이다.

필자는 해당 기업의 수요예측식을 만들고 나서 수요와 매출, 순이익을 자동적으로 계산해주는 프로그램을 개발했다. 예상되는 전략

(설명변수의 조합)을 모의실험(simulation)할 수 있는 프로그램으로, 전략을 입력하면 곧바로 결과를 보여주었다. 기업의 임원들에게 최고의 장난감이자 의사결정 도구를 선물로 제공한 셈이다.

이후 CEO의 의구심은 상당 부분 해소되었고 매출도 크게 상승했다. 필자와 함께 작업을 수행했던 부장과 차장이 모두 승진했다는 소식도 전해 들었다. 회의 방식도 달라졌다. 프로모션을 결정하는 회의가 아이디어를 중심으로 이루어졌던 과거와 달리 예측을 통해 검증된 것만 논의하는 방식으로 바뀌었다. 필자에게 보람과 기쁨을 주는 일이 아닐 수 없었다.

제휴카드, 사람들은 어느 것을 더 많이 쓸까?

패밀리레스토랑이나 놀이공원에 가면 각종 할인 혜택이나 포인트 적립을 해주는 제휴카드 안내문을 보게 된다. 종류도 엄청나다. 어떤 카드는 할인을, 어떤 카드는 포인트 적립을, 또 어떤 카드는 할인에다 포인트 적립까지 해준다. 자연 업체 입장에서는 고민이 많다. 어느 카드가 자사의 이익에 더 도움이 되는지 현명하게 판단해야 하기 때문이다.

일반적으로 외식업계에서는 충성도를 제고하는 방편으로 사용금액 대비 일정률의 포인트를 적립해주는 로열티 프로그램을 시행하고 있으며, 단기적 매출 증대를 위한 방법으로 신용카드사나 이동통신사와의 전략적 제휴를 통해 각종 할인 혜택을 제공하고 있다. 포인트 적립이나 할인 혜택 제공은 서로 추구하는 목적이 다르지만, 소비자들에게는 필요에 따라 선택 가능한 대안의 하나로 인식된다.

소비자들은 대체로 이익보다 손실에 더 민감하게 반응하는 위험회피 성향을 가지고 있다. 따라서 분리된 이익으로서의 포인트 적립보다는 손실의 감소로 인식되는 할인 혜택을 더 선호할 수 있다. 기업에서도 제휴기업들 간의 비용 분담을 통해 보다 적은 비용으로 큰 효과를 발휘하는 할인 혜택을 제공하는 것이 유리할 수 있다. 극심한 경쟁 환경에 대응하는 차원에서도 필요한 부분이다. 하지만 무턱대고 제휴 할인카드를 도입하는 것은 바람직하지 않다. 할인판촉은 실제적인 비용이 투입되는 마케팅 수단이므로 비용 이상의 수익을 보장하는 매출을 일으킬 수 있을 때 비로소 의미를 가진다. 외식업의 경우라면 테이블당 고객 수가 전보다 증가해서 할인 효과를 충분히 기대할 수 있어야 한다.

다음의 표는 필자가 분석 과정에서 확인한 제휴카드들의 혜택 내용을 정리한 것이다.

그렇다면 실제로 제휴카드 할인은 고객 수 증가와 이익률 향상에 어느 정도 도움이 될까? 필자가 패밀리레스토랑의 매출 데이터를 이용하여 검증한 결과에 따르면 포인트 적립은 고객 수 증가와 의미 있는 관계를 보이지 않은 반면, 제휴할인은 분명한 효과가 있었다. 할인

제휴 카드명	할인율(%)	포인트 차감률(%)	포인트 적립률(%)
A	10	0	0
B	20	0	2
C	10	10	0
D	0	20	0
E	20	0	0
F	20	0	0
G	0	20	10
H	0	0	9
I	20	0	0
J	35	0	0
K	20	0	0
L	20	0	0
M	15	0	0
N	20	0	0
O	20	0	0
P	0	30	15
Q	20	0	0
R	15	0	0
S	20	0	0
T	15	0	0
U	20	0	0
V	20	0	0
W	10	0	0
X	0	20	0

율이 증가하면 테이블당 고객 수도 증가했으며 약 25%의 할인이 제공되면 추가로 1명의 고객이 유인되는 효과를 낳는 것으로 밝혀졌다. 수익성 측면에서도 1인당 지불 금액, 즉 객단가가 할인율의 증가에 따라 하락하는 경향을 나타냈지만 고객 수 증가로 인한 추가 이익이

해당 비용을 상쇄하고도 남는다는 사실이 입증되었다. 이를 통해 테이블당 고객 수를 예측하는 공식*도 만들었다.

고객 수의 증가는 경영의 성공에 필수적이다. 매출이 증가할 뿐 아니라 운영 효율의 향상으로 이익률이 개선된다. 제휴카드 할인은 이와 같은 고객 수 증가에 긍정적으로 기여한다. 적극적으로 도입해서 활용해도 좋을 것이다. 게다가 요즘은 대부분의 업체들이 제휴카드 할인을 제공하고 있어 불가피하게 시행해야 하는 측면도 있다.

하지만 몇 가지 유의할 점이 있다. 할인율을 어느 정도로 할 것인지에 대해 보다 세심한 접근이 필요하다. 예상되는 고객 수 증가와 비용

---

* 테이블당 고객 수$=2.98+0.2\sqrt{\text{할인율}}$

할인율이 0일 경우는 평균 테이블당 고객수가 약 3명이고, 만약 25%를 할인해주는 카드가 있는 경우 테이블당 고객 수는 2.98+0.2*5이므로 1명이 증가한 약 4명이 된다. 이를 그래프로 그리면 다음과 같다.

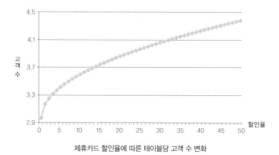

제휴카드 할인율에 따른 테이블당 고객 수 변화

대비 수익을 꼼꼼히 따져서 적정 할인율을 정해야 한다. 또 할인율이 높다고 해서 객단가가 반드시 상승하는 것은 아니라는 사실도 염두에 두어야 한다. 이러한 점들을 유념하여 제휴카드 할인을 제공하면 매출 증가와 수익성 개선이라는 두 마리 토끼를 잡을 수 있다.

다시 찾고 싶은 한국을 만드는 아주 효과적인 방법

  필자는 2009년 문화관광연구원의 의뢰를 받아 한국에 관광하러 온 외국인들을 대상으로 관광 실태를 조사하는 설문지를 개선한 적이 있었다. 그동안 사용해왔던 설문지는 현황 파악에만 집중되어 있어 이를 전략적 시사점 도출이 가능한 설문지로 바꿀 필요가 있었기 때문이다.

  필자는 기존 설문지와 자료 연구 그리고 전문가 인터뷰를 통해 설문지 개선안을 마련했다. 문화관광연구원에서는 필자가 만든 개선안을 계량마케팅의 권위자에게 검수를 의뢰했고, 잘 구성된 설문지라는 평가를 받았다. 물론 그 권위자는 작성자가 누구인지 모르는 상태로 평가를 진행했다. 객관적 검수를 위한 조치였다. 이후 시험적으로 200여 명의 외국인을 대상으로 설문지 테스트가 이루어졌고, 필자가 그 결과를 분석하여 전략적 시사점을 도출했다. 이 역시 권위자의 검수를 받았고 훌륭한 결과라는 칭찬을 들었다.

사실 필자는 그 권위자를 예전부터 알고 있었다. 그분 수업을 들은 적이 있었던 것이다. 설문지 검수를 받고 몇 개월이 지난 후 어느 학술대회에서 그분을 만나 그간의 일을 말씀드렸더니 아주 흐뭇해하셨다. 지금도 그때 만든 설문지와 보고서가 외국인 관광객의 실태조사뿐만 아니라 정책 수립에 유용한 자료로 활용되고 있다고 한다.

관광객의 관광지 선택에 결정적인 영향을 미치는 것은 1차적으로 관광지가 얼마나 매력적이고 강렬한가 또는 긍정적이고 호의적인가 하는 이미지라고 할 수 있다. 2차적으로는 과거의 경험이나 인상 등에 의해 형성된 관광지에 대한 기억이 재관광 결정 시 중요한 역할을 하게 된다. 그런 면에서 볼 때 어느 나라이건 관광산업의 성공을 위해서는 그 나라 고유의 특성을 살릴 수 있는 독창적 이미지를 창출하는 것이 중요하다. 관광시설이나 관광상품은 아무리 매력적이라고 해도 경쟁 관광지에 의해 쉽게 모방될 수 있지만, 한 번 형성된 이미지는 다른 것으로 대체될 수 없기 때문이다.

필자가 기존의 설문지를 개선하면서 가장 심혈을 기울인 부분도 이미지와 관련한 것이었다. 세계에서 한국의 이미지가 어떤 평가를 받고 있으며, 이미지 제고를 위해 어디에 역점을 두어야 하는지를 파악할 수 있게 했다. 더불어 일본, 중국, 미국, 유럽 각국의 관광객들에게 맞춤 마케팅을 할 수 있는 상품 개발에 실질적인 도움이 되는 내용을 담으려고 노력했다. 이를 위해 관광지로서 한국의 위치와 역할을 고찰하고 설문 개선안의 적절성을 위해 실시간 예비(pilot) 조사도 실시했다. 실제 설문에서는 한국 관광을 어떻게 결정하게 되었는지, 향후 계획은 무엇인지와 같은 마케팅의 주요 변수들을 질문했고, 관광객들의 국적별 차이를 확인할 수 있는 문항을 제시했다.

마케팅의 기본은 비용 대비 최대의 효과를 올리는 것이다. 필자는 한국을 찾는 관광객들을 대상으로 효과적인 마케팅 전략을 수립하는 데 유용한 정보를 제공하는 것에 초점을 맞춰 설문지를 개선했다. 기억에 오래 남는 곳, 다시 오고 싶은 나라로 한국이 거듭나기를 바라는 마음은 그때나 지금이나 변함이 없다.

참고로 필자가 예비 조사를 통해 얻어낸 몇 가지 시사점을 아래에 소개한다.

• 한국은 관광지로서 각국의 관광객들에게 조금씩 다르게 인식되고 있었다. 이 같은 사실은 관광객들이 한국에서 소비하는 물품과 방문 장소 등을 통해 파악한 것이다.
• 우리나라를 방문하는 일본인들은 대부분 실속형 관광객이다. 그들은 자신이 한국에 와서 무엇을 할 것인지 구체적인 계획을 가지고 움직인다. 지출하는 비용이 비교적 적은 편이고, 주로 쇼핑이나 개

인 활동에 지출한다.

• 중국인들은 단체관광이 주를 이루며 관광지 관람을 목적으로 하는 경우가 많았다. 재방문 의사를 가진 사람들의 비율도 높은 편이었다. 특이한 점은 쇼핑 품목인데, 인삼이나 한약재를 구입하는 경우가 다른 나라 관광객보다 월등히 많았다. 그러면서도 한국 관광이 어렵다고 말했다. 특히 음식이나 언어의 문제를 많이 언급했다. 이는 우리나라의 관광 서비스가 아직도 영어와 일어권에 편중되어 있음을 방증한다.

• 앞으로 중국인들은 한국 관광의 발전기를 이끌어갈 것으로 보인다. 지금까지는 관광지를 둘러보는 단체관광이 대세였지만, 조만간 개별 여행이나 특정 목적의 방문이 본격화할 것으로 전망된다. 특히 한국에서 해보고 싶은 활동으로 스키를 꼽은 것에 주목할 필요가 있다. 이제는 중국인들을 개별 여행으로 유도하는 전략 수립과 함께 동계 스포츠 등 계절별 특성에 맞는 상품 개발이 요구된다.

• 미국인들과 유럽인들은 개별 여행이나 비즈니스 여행을 주로 한다. 그런 그들에게 한국은 가족 여행이나 파트너와 함께하는 휴가지로 포지셔닝되어 있지 않다. 그에 비해 일본이나 동남아의 리조트는 다시 찾고 싶어 한다. 그들의 발길을 한국으로 돌리게 하려면 클럽메드(Club Med) 같은 세계적인 휴양지 회사를 유치하거나 스키로 유명한 일본의 사호로리조트를 벤치마킹 대상으로 삼아 특색 있는 휴양지를 발굴하는 노력을 기울여야 한다.

- 조사를 통해 3년 내에 한국을 다시 방문할 의사가 있는지를 확인한 결과 일본인들이 가장 많은 동의를 표시했다. 일본인들에게 한국은 더 이상 해외 관광지가 아니라 언제든 편하게 쇼핑할 수 있는 이웃 나라가 되었다고 할 수 있다. 이들의 즐거운 쇼핑을 위해 보다 편리하고 저렴한 서비스를 개발할 필요가 있다. 또한 환율 변화에 민감한 반응을 보이는 사람들이므로 환율의 벽을 뛰어넘게 만드는 상품을 제공해야 할 것이다. 미용 관련 상품 등을 환율이 좋을 때 미리 예약해서 원하는 시점에 방문할 수 있게 하는 방법도 효과적일 수 있다.

- 특정 국가의 관광객들이 주로 찾는 명소별로 그들을 겨냥한 상품과 서비스의 집중화가 필요하다. 예를 들어 일본인들이 즐겨 찾는 명동, 중국인들이 몰려가는 동대문시장, 미국인들이 좋아하는 고궁, 유럽인들이 많은 남산을 그들이 최대한 만족할 수 있는 장소로 특화하는 것이다. 프랑스인의 거리가 된 서래마을, 미국인의 공간이 된 이태원처럼 말이다. 그러면 그곳을 찾는 사람들을 위한 맞춤 서비스가 가능해지고 필요한 개선사항도 훨씬 더 용이하게 해결할 수 있을 것이다. 다시 찾고 싶은 매력적인 관광지는 그렇게 탄생하는 법이다.

어디에 매장을 세우는 것이 좋을까?

　멀티플렉스 영화관과 주유소를 어디에 세워야 좋을지에 관한 의뢰를 받은 적이 있다. 입지 선정은 그 중요성만큼이나 매우 복잡한 과정을 거쳐 이루어지게 되는데, 주유소의 경우에는 보통 전체 면적, 주유기의 개수, 자동세차기의 설치 여부와 세척 브러시의 종류, 주유소 앞 도로의 차선 수와 횡단보도 유무, U턴 가능 여부 등 약 100개 이상의 변수를 감안한다. 그에 비해 멀티플렉스 영화관은 건물을 짓는 것만 해도 엄청난 비용이 들어가고 주변 환경의 영향을 크게 받으므로 처음부터 온갖 변수들을 고려하게 된다.

　입지 선정 문제를 풀기 위해 필자는 차에 GPS 2대를 설치하고 한

달여 동안 전국의 176개 멀티플렉스 영화관을 찾아다녔다. 어느 곳이 관객들에게 매력적인가를 알아보고, 무엇이 그렇게 만들었는가를 살피면서 영화관의 수요를 설명할 만한 변수를 정의하고 수집했다. 그 결과 몇 가지 특성을 발견하게 되었다.

영화관만을 놓고 보면 스크린 수, 좌석 수, 1개 층의 면적, 스크린 사이즈, 좌석과 좌석 사이 간격 등이 관객의 선호도를 좌우하고 있었다. 영화관이 들어서 있는 건물로 보면 영화관이 위치한 층수, 엘리베이터와 에스컬레이터의 유무, 주차 여건, 음식점 등 입점해 있는 상가들의 인지도 등이 이용률에 영향을 미치는 것으로 나타났다. 영화관의 주변 환경으로는 대중교통의 접근성이 무엇보다 중요했다. 지하철 역에서 얼마나 가까운지, 버스 노선이 몇 개나 되는지 등이 영화관 이용률과 밀접한 관계를 보였다. 주변 영화관들과 얼마나 경쟁을 하고 있는지도 변수로 작용했다. 단순히 뺏고 빼앗기는 것만이 아니라 같이 모여 있음으로 해서 관객들을 유인하는 효과가 있음을 확인할 수 있었다. 관객 측면에서는 인근 대학교 학생 수, 중고등학교 학생 수, 백화점이나 할인점의 고객 수를 비롯하여 유동인구와 주거인구가 주요 변수였다. 다음의 그림은 서울의 지하철 노선도에 멀티플렉스 영화관을 표시한 것이다.

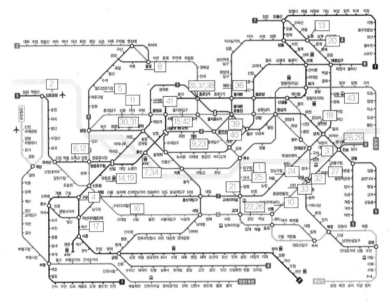

조사 당시 서울 지하철 노선 근처의 멜티플렉스 영화관

서울 지하철 노선도를 네트워크 소프트웨어로 나타내면 다음과 같은 그림이 나온다.

필자는 지하철 노선의 특성을 주제로 한 논문을 작성하면서 입지 선정에서 지하철의 접근성이 갈수록 중요해지고 있다는 사실을 알게 되었다. 과거에는 지하철역이 있는지 또는 얼마나 많은 노선이 겹치는지가 주요 관심사였다. 하지만 점점 그 의미와 역할이 변화, 확대되었다. 지하철은 거미줄 같은 네트워크의 특성과 구조를 가지고 있다. 네트워크의 특성은 연결성 정도(Degree) 외에 서로 다른 두 지점 사이에

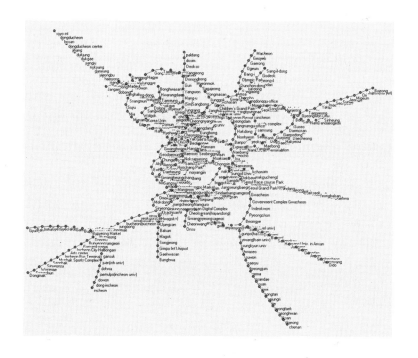

있는 정도(Betweenness, 매개 중앙성), 서로 다른 두 지점에서 가까이 있는 정도(Closeness) 등 여러 변수들을 내포하고 있다. 서울과 파리 두 도시를 분석한 결과 서울은 Betweenness가 더 중요한 변수로 작용하는 것으로 나타났다. Betweenness가 높은 곳은 서로 다른 지점에 있는 사람들이 약속 장소로 잡기에 적합한 곳이라고 말할 수 있다.

부동산 개발업자들에 따르면 입지가 가장 좋은 곳은 대로변 1층의 옷가게가 있는 곳이라고 한다. 또 월세가 비싼 곳이 입지도 좋은 편이라고 말한다. 그러나 이것은 어디까지나 상권이 형성된 곳에 국한된 이야기다. 옷가게도 없고, 월세도 알 수 없는 지역에서는 해당되지 않는다.

입지 선정 문제는 자영업을 하는 사람들뿐만 아니라 대기업의 경우에도 매우 중요한 이슈임에 틀림없다. 만족스러운 답을 얻기 위해서는 발품을 팔아 직접 확인하고, 잘되는 곳과 그렇지 않은 곳을 세밀하게 비교하고 분석해보아야 한다. 필자 같은 전문가도 수식만으로 답을 구하지 않는다. 그래서는 안 된다. 눈으로 보고 감으로 느끼는 과정이 얼마나 중요한지 잘 알기 때문이다. 중소기업청 상권정보시스템(sg.smba.go.kr)에서 제공하는 정보도 들여다볼 필요가 있다. 이와 같은 다방면의 노력이 있어야 최적의 입지를 선점할 수 있다.

5

미래는
현재에
있다

완벽한 예측을 위하여

영업사원들은 왜 동반 퇴사했을까?

2012년 설 무렵의 일이다. 아시아태평양 13개 지역에서 의료제품을 생산, 판매하는 회사의 대표로부터 연락이 왔다. 한국지사에서 발생한 문제의 원인과 해결책을 찾고 있다는 것이었다. 그 대표가 털어놓은 한국지사의 상황은 이랬다.

몇 년 전까지만 해도 한국지사는 동종업계 매출 2위로 제법 잘나가고 있었다. 그런데 최근에 5위로 추락하고 말았다. 다른 지사들은 매출이 꾸준히 증가하고 있는데, 유독 한국지사에서만 그런 일이 일어났다. 그러던 중 영업사원 15명이 한꺼번에 퇴사하는 사태가 발생했다. 분명 한국지사 내부에 문제가 있는 것 같았다. 하지만 그것이 무엇인지 알 수 없었다. 한국지사장과 HR(인력관리) 임원에게 확인해보았지만, 자신들은 그동안 해오던 대로 열심히 하고 있다는 대답만 돌아왔다. 할 수 없어 퇴사한 사원들에게 연락해서 이유를 알아보았지만 시원한 대답을 들을 수 없었다. 대표는 사태의 책임을 물어 지사장과 임원을 경질했다. 그래도 여전히 해결책은 찾기 어려웠다. 여러 사람들에게 자문도 구해보았지만 모두 허사였다. 원인을 모르기 때문이었다. 더 이상 소를 잃지 않으려면 외양간을 고쳐야 하는데 어디를 어떻게 고쳐야 할지 모르는 상태가 지속되었다.

대표는 상황을 설명하면서 필자에게 한 가지 자료를 보여주었다. 지난 7년간 매년 13개국 지사별로 직원 100명을 대상으로 실시한 직무만족도 설문조사 결과였다. 설문은 대표가 직접 기획해서 만든 것으로 모두 48개 문항으로 구성되어 있었다. 필자는 자료를 분석하여 문항별로 7년간 만족도 점수에 차이가 있었는지 통계적으로 검증했다. 그런 다음 매출과의 상관관계(두 변수가 얼마나 관련성이 있는지)를 계산했다. 다음의 그래프는 그 결과를 나타낸 것이다.

x와 y 변수의 관계에서 x가 증가할 때 y도 증가하면 양(positive)의 상관관계를 가졌다고 말한다. 반대로 x가 증가할 때 y가 감소하면 음(negative)의 상관관계를 가진 것이다. 이를 수치로 −1에서 1까지로 만들어 상관 정도를 계산한 것이 상관계수다. +1에 가까이 갈수록 양의 상관관계가 있다고 할 수 있다.

다음으로 상관관계가 높은 질문들을 따로 분리해서 살펴보았다.

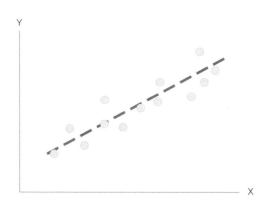

결과는 놀라웠다. 주로 내부 제안이 받아들여지지 않은 것과 관련된 질문들이었다. 다시 말해서 영업사원들이 업무를 수행하면서 새로운 마케팅 전략이나 프로모션 방안을 제기했지만 거의 수용되지 않았다는 말이었다. 영업사원들은 경쟁사들이 펼치는 각종 마케팅 활동에 민감하다. 현장에서 직접 확인하는 경우도 있고, 소비자들로부터 듣는 경우도 있다. 한국지사의 영업사원들은 이를 상사에게 보고했지만 아무런 소용이 없었을 것이다. 결국 자신들의 목소리를 반영해주지 않는 회사에 실망하여 동반 퇴사한 것으로 짐작되었다. 이 같은 현상은 성공한 벤처기업들에서 종종 관찰된다. 성공 이후에도 예전의 성공 방정식을 고수하여 또 다른 변화를 모색하지 못하는 현상으로, 이른바 '핵심 경직성(Core Rigidity)'을 보이는 것이다.

결과를 들은 대표는 무릎을 치며 공감을 표시했다. 필자는 그에게 추가로 해야 할 일에 관한 조언을 덧붙였다. 13개국 지사에 동일한 경영 방침을 지시하지 말고 지사별로 성과와 직무만족도의 상관관계를 분석해서 각기 다른 방법을 적용해보라는 내용이었다. 지금 그 회사는 필자가 알려준 방법대로 경영하면서 소기의 성과를 올리고 있다.

여기서 필자가 사용한 상관관계 분석 방법은 비교적 쉽고 간단한 편에 속한다. 통계적 예측이나 분석 방법에는 쉽고 간단한 것부터 아주 어렵고 복잡한 것에 이르기까지 다양한 방법들이 있다. 필자는 학생들에게 어떤 방법을 사용해야 하는지 설명하는 자리에서 항상 이렇게 말한다.

"고수는 가장 단순한 방법으로 문제를 해결한다. 하수일수록 어렵고 복잡한 모형으로 문제를 풀려고 한다."

단순하지만 쉽게 문제를 해결하는 것만큼 좋은 방법은 없다. 제일 간단하고 단순한 방법부터 사용하고, 그래도 해결이 되지 않을 때 점차 복잡한 모형으로 해결을 시도하는 것이 올바른 접근 방향이다.

목표가 평등하면 위험한 일이 벌어진다

매년 10월 말이 되면 은행가에는 긴장감이 감돈다. 전국 지점들을 대상으로 다음 연도 목표 여신(대출금액)과 저축금액 확보량을 할당하여 발표하기 때문이다. 그러고 나면 한동안 험악한 분위기가 연출되고, 목표를 할당한 부서장들은 기분 나쁜 연락에 시달리게 된다.

"밤길 조심해라."

마치 조폭에게서나 들을 수 있는 협박에 가까운 말이다. 누가, 왜 이런 말을 할까? 목표는 연말에 인사평가뿐만 아니라 개인의 성과급에까지 연동되기 때문에 매우 민감한 수치일 수밖에 없다. 그러니 목표를 과하게 잡으면 이를 달성해야 하는 사람들은 엄청난 부담을 갖게 된다.

2006년 이와 관련한 고민을 하고 있던 한 은행 임원으로부터 연락이 왔다. 지금 사용하는 목표할당 방법에 무슨 문제가 있는지, 이를 과학적으로 해결할 수 있는 방법이 있는지 알고 싶다는 것이었다. 현재는 과거 3년간의 평균 실적을 목표로 할당하는 방법을 사용한다고 했다. 하지만 이러한 이동평균법은 한마디로 '뒷북을 치는' 것이다. 아래 그래프를 보자.

그래프에서 a, b, c 세 지점의 과거 3년간 평균치는 모두 같다. 따라서 이동평균법을 목표할당 방법으로 사용하면 세 지점 모두 동일한 목표를 부여받게 된다. 그러나 이 방법이 합당하다고 느끼는 지점은 오직 b지점뿐일 것이다. a지점은 3년간 실적이 지속적으로 하락하고 있는데, 이를 반영하지 않고 3년간 평균 실적을 목표로 할당받게 되면 보나마나 내년도 목표 대비 실적이 바닥을 칠 것이다. 특히 경제활동 인구가 계속해서 줄어드는 농촌이나 어촌 지역의 지점들은 더욱 그럴 것이다. 반면에 c지점은 평균 실적이 지속적으로 상승하고 있다.

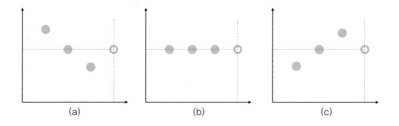

새롭게 떠오르는 신도시나 세종시처럼 한창 인구가 늘어나는 지역의 지점들이 이에 해당한다. 당연히 목표를 상향 조정할 필요가 있다.

목표는 지점별 상황을 반영하여 할당하는 것이 맞다. 다음의 그래프를 보자.

그래프에서 보이는 매출 추세를 반영하여 목표를 할당해주어야 한다. 이것이 합리적인 방법이다. 직원들의 동의와 공감을 이끌어내기가 쉬워 목표할당에 따른 후유증을 걱정하지 않아도 될 것이다.

매출 추세를 반영하는 방법은 의외로 간단하다. 엑셀에서 차트를 그릴 때 추세선을 추가하거나 단순회귀분석(simple regression)을 할 때 추세변수(1, 2, 3, …)로 증가하는 변수를 이용하여 각 지점별로 변화율(slope)을 계산하면 쉽게 해결할 수 있다. 감소 추세나 증가 추세를 반영한 합리적인 목표치가 나오기 때문이다. 당시에 그 임원은 필자의 설명을 듣고 나서 큰 만족감을 표시했다.

목표는 현실적이어야 한다. 단순 계산으로 비현실적인 목표를 할당하여 그때마다 협박 전화를 받는 것보다 현장의 특수성을 감안하여

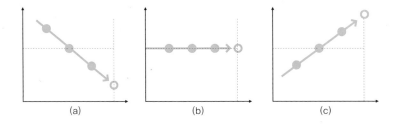

과학적으로 예측하고 여기에 CEO의 의지를 '+α'하여 목표치를 설정해준다면 원성을 대폭 줄일 수 있다.

2002년에는 한 벤처 투자자가 주가를 예측하는 프로그램을 만들어 함께 사업을 해보자며 찾아온 적이 있었다. 필자는 단번에 거절했다. 이유는 간단했다. 그것은 예측과 맞지 않는 일이었다. 아무리 과학적으로 예측을 하려고 해도 주가가 움직이는 '원인'이 너무 많아 통계적인 수학공식으로 만들 수 없었기 때문이다.

주식 투자로 인한 개미(개인 투자자)들의 고통이 이만저만이 아니다. 신문을 봐도, 주변을 봐도 그렇다. 주식을 사고 나면 주가가 떨어지고, 팔고 나면 오르는 것이 그들의 숙명이라고 말하는 기사도 보았다. 개미들이 바보라서 그럴까? 아니다. 방법이 잘못되었기 때문이다. 주가의 변동을 설명하는 책들에서 흔히 보여주는 '이동평균(15일, 30일, 60일 등)'이라는 것이 있다. 변동의 흐름을 읽으면 얼마든지 주가를 예측할 수 있는 것처럼 이야기한다. 하지만 급변하는 주식시장에서 이러한 이동평균을 보고 투자했다가는 뒷북을 치다가 손해만 보기 일쑤다. 과거의 정보인 이동평균으로는 갑작스러운 변화를 잘 따라갈 수 없기 때문이다.

일상생활에서도 이러한 '관성'을 지닌 사람들이 많다. 세상은 급속도로 변하는데 자꾸만 옛 방법을 답습하다가 일을 망친다. "요즘 세상이 어떤 세상인데요"라는 말을 자주 듣는 편이라면 한 번쯤 자신

을 곰곰이 돌아볼 필요가 있다. 오늘은 오늘에 맞는 방법으로 문제를
해결해야 한다.

2156년 100m 올림픽 신기록은 여자가?

다음 그래프는 현재 100m 세계 신기록을 보유하고 있는 육상선수 우사인 볼트가 보여온 기록을 나타낸 것이다.

현재까지 볼트의 최고 기록은 9.58초다. 그런데 100m 세계 기록과 관련하여 아주 흥미로운 기사가 있었다.

요지는 2156년 올림픽 여자 육상 100m에서 남자를 뛰어넘는 기록이 나올 수 있다는 내용이다. 그때가 되면 여자가 8.079초로 남성의 8.098초를 넘어설 수 있다고 한다. 정말 그럴까?

이 기사가 실린 곳은 다름 아닌 〈네이처(Nature)〉다. 세계적인 권위를 인정받는 과학 잡지가 인간의 한계에 대한 내용을 다루면서 실은

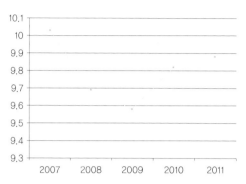

우사인 볼트 100m 기록 추이(출처 : 위키피디아)

Momentous sprint at the 2156 Olympics?

Women sprinters are closing the gap on men and may one day overtake them.

The 2004 Olympic women's 100-metre sprint champion, Yuliya Nesterenko, is assured of fame and fortune. But we show here that — if current trends continue — it is the winner of the event in the 2156 Olympics whose name will be etched in sporting history forever, because this may be the first occasion on which the race is won in a faster time than the men's event.

The Athens Olympic Games could be viewed as another giant experiment in human athletic achievement. Are women narrowing the gap with men, or falling further behind? Some argue that the gains made by women in running events between the 1930s and the 1980s are decreasing as the women's achievements plateau[1]. Others contend that there is no evidence that athletes, male or female, are reaching the limits of their potential[1,2].

In a limited test, we plot the winning times of the men's and women's Olympic finals over the past 100 years (ref. 3; for data set, see sup-

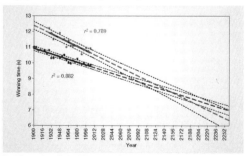

Figure 1 The winning Olympic 100-metre sprint times for men (blue points) and women (red points), with superimposed best-fit linear regression lines (solid black lines) and coefficients of determination. The regression lines are extrapolated (broken blue and red lines for men and women, respectively) and 95% confidence intervals (dotted black lines) based on the available points are superimposed. The projections intersect just before the 2156 Olympics, when the winning women's 100-metre sprint time of 8.079 s will be faster than the men's at 8.098 s.

출처 : 〈네이처〉 2004.10.

것인데, 읽어보면 가운데 그래프에서 보이는 것처럼 점으로 표시된 과거 기록들을 가장 잘 설명하는 모형으로 예측을 했다고 한다. 권위 있는 잡지가 다룬 내용인 데다 신체적 조건이 뛰어난 여자선수를 보건대 충분히 가능한 일이라고 말하는 사람들이 있을 것이다.

하지만 필자는 동의할 수 없다. 이 기사 내용이 중대한 오류를 범하고 있기 때문이다. 아주 먼 미래라 해도 인류의 후손이 '0보다 작은 값(<0)'으로 100m를 달릴 수는 없다. 아무리 장비가 좋아지고, 근력이 강해지고, 달리는 방법에 대한 연구가 발전하더라도 0보다 작은 기록(직선을 아래로 계속 연결하면 −(마이너스) 값도 나오는 결과)으로 100m를 주파하기란 불가능하다.

예측을 할 때 기본 가정이 잘못되어 있으면 상식에 반하는 예측 결과가 나올 수 있다. 아무리 과학적인 분석이라고 해도 상식을 넘어설 수는 없는 법이다. 남자와 여자의 격차가 줄어든다는 결과는 상식적으로 동의할 수 있지만, 0보다 작은 값으로 100m를 달린다는 것은 비상식적이다.

선거 출구조사는 왜 자꾸 틀릴까?

2012년 대선에서처럼 선거가 박빙의 승부일 경우 모든 국민들의 관심이 저녁 6시에 발표되는 출구조사 결과로 쏠리게 된다. 그런데 이런 때일수록 예측 결과가 빗나가기 쉽다.

전에 어느 총선에서도 한 방송사가 국회의원 당선 여부를 예측하는 출구조사 결과를 발표했다가 망신을 톡톡히 당한 적이 있다. 무엇이 그런 결과를 낳았을까?

당시의 문제는 비용이었다. 전국적으로 200개의 지역구가 있다고 가정하고 출구조사에 들어가는 비용이 1인당 3만 원이라고 했을 때 총 14억 4,000만 원이 소요된다. 한 지역구에서 연령대별, 성별로 조사를 실시하면 20, 30, 40, 50대 이상으로 나눌 수 있고, 이를 다시 남녀로 구분하면 총 8개 집단이 나오게 된다. 그리고 안정적인 예측을 위해 집단별로 30명을 조사하면 한 지역구에 240명, 200개 지역구에 48,000명을 대상으로 삼아야 한다. 14억이 넘는 돈을 들여 이같은 출구조사를 해야만 할까?

방송사의 고민은 바로 여기에 있었다. 출구조사 결과는 몇 시간 후에는 더 이상 사용 가치가 없는 정보가 된다. 방송사는 이 비용이 부담스러웠다. 그래서 비용이 절반 정도인 전화조사로 대체했다. 결과는 참담했다. 집에서 전화를 받은 사람들이 전체를 대표할 수 없었기 때문이다.

박빙의 승부가 예상될 때 정확한 예측을 하려면 한 사람이라도 더 조사해야 오차를 줄일 수 있다. 더불어 오차의 범위를 최대한 좁힐 수 있게끔 조사 대상자 수를 결정*해야 한다.

필자가 신문사나 방송사의 기자를 만나면 꼭 하는 이야기가 있다. 지지율 조사에서 후보 간의 지지율 격차가 허용오차보다 작으면 그 결과를 공개하지 말라는 것이다. 예를 들어 한 후보의 지지율이 49%이고 다른 후보가 50%라고 하면, 설문조사에서 상정한 허용오차가 1%보다 클 경우 두 후보의 지지율은 통계적으로 같은 것이다. 따라서 이런 경우에 발표되는 결과는 결과적으로 틀릴 가능성이 높다. 또한 투표에 앞서 허용오차 범위 이내의 결과를 발표하게 되면 잘못된 정보가 사람들의 선택에 영향을 미쳐 여론을 오도할 수 있다.

----

* 다음은 조사 대상자 수를 결정할 때 사용하는 가장 간단한 수식 중 하나다.

$$\text{설문대상자수} = \frac{Z^2_{\alpha/2} \cdot \overline{P}(1-\overline{P})}{\text{허용오차}^2}$$

$Z_{\alpha/2}$는 표준 정규분포의 값으로 신뢰구간 95%일 때, 1.96을 사용한다. 허용오차를 줄이면 조사 대상자 수는 엄청나게 늘어난다. $\overline{P}$(평균 지지율)을 0.5로 가정하고 허용오차를 5%(0.05)로 하면 필요한 대상자 수는 384명이지만, 허용오차를 0.5%(0.005)로 하면 38,416명으로 그 수가 100배 늘어난다.

전략, 수요예측, 그리고 의사결정

전략과 수요예측, 그리고 의사결정은 항상 함께 논의되는 주제다. 어떤 비즈니스를 막론하고 전략별로 수요가 얼마나 되는지를 예측하여 실행 방향을 결정하기 때문이다. 이이 따라 최근에는 전략과 수요예측 그리고 의사결정까지를 한꺼번에 의뢰하는 기업들이 늘고 있다.

전략 개발을 어떻게 하는지, 어떤 전략에 따라 수요예측을 하는지, 수요예측 결과로 어떻게 의사결정을 하는지에 관해서는 명확히 정해진 바가 없다. 하지만 필자의 경험에 비추어볼 때 특별히 권장할 만한 방법은 있다. 시장의 경쟁환경 분석을 통해 시나리오를 포함한 기업의 전략을 도출하고 그에 따라 수요를 예측하는 전략적 수요예측 방

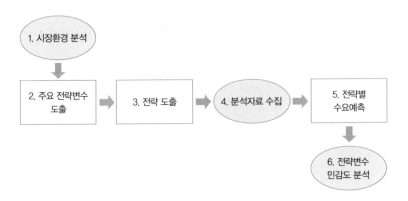

전략별 수요예측 프로세스

법론이 그것이다. 위 도표는 전략별 수요예측의 프로세스를 정리한
것이다.

단계 1 : 시장환경 분석

전략별 수요예측을 위해서는 먼저 시장환경 분석이 선행되어야 한
다. 이를 통해야만 시장에서의 주요 변수들을 도출하여 전략을 개발
할 수 있기 때문이다.

시장환경 분석에는 세계적인 경영학자인 마이클 포터(Michael E.
Porter)가 개발한 '5세력 모형(5 forces model)'을 이용할 수 있다. 기존
경쟁자, 공급자, 고객, 신규 진입자, 대체재 등 5가지 경쟁세력으로 시
장의 현황과 미래를 분석하는 모형이다. 인스턴트 커피 시장을 예로
들면 기존 경쟁자는 동서식품과 네슬레 등이 될 것이고, 공급자는 아

프리카나 콜롬비아, 고객은 마트를 찾는 사람들, 신규 진입자는 남양유업과 농심, 대체제는 생수, 탄산음료, 원두커피 등이 될 것이다. 경쟁자 측면의 분석은 경쟁적 위치와 경쟁의 강도, 제품의 수명주기·가격·프로모션·유통망·품질·마케팅 능력의 차이 등을 다룬다. 공급자 측면에서는 품질과 공급사슬 관리 우위 등을 분석하고, 고객 측면에서는 브랜드 파워(인지도)와 전환비용 존재 여부, 소비자의 기대효용 등을 위한 시장조사를 실시한다. 신규 진입자와 대체재 관련 분석에서는 기술의 대체, 진화, 경쟁, 보완관계 등을 대상으로 삼는다.

시장환경 분석은 고도의 작업이다. 완성도 있는 분석을 위해 시장 전문가와 함께 정량적인 부분뿐만 아니라 정성적인 부분까지 빠짐없이 들여다보아야 한다.

단계 2 : 주요 전략변수 도출

시장환경에 대한 분석이 끝나면 그 결과를 토대로 제품 수요에 영향을 미치는 주요 변수들을 도출하게 된다. 이 변수들의 조합으로 다음 단계인 전략 개발로 나아갈 수 있다.

전략변수는 마케팅 믹스의 4P(제품, 가격, 유통, 판매촉진)와 시장에서의 주요 이슈 등으로 분류하여 도출할 수 있다. 이 외에 시장점유율, 브랜드 이미지, 소비자의 개별 효용 등이 고려될 수 있다. 또 하나 알아야 할 것은 제품의 수명주기와 소비자의 구매단계(Buyer-Readiness Stage)에 따라 수요와 효용에 영향을 미치는 전략변수가 다

르다는 사실이다. 일례로 제품의 인식단계에서는 광고나 PR이, 구매
단계에서는 판촉이 보다 큰 영향력을 발휘한다. 그리고 제품 수명주
기상의 도입기에는 광고와 PR, 판촉이 모두 중요하고, 성장기에는 광
고와 PR, 성숙기와 쇠퇴기에는 판매촉진이 더 중요한 영향을 미친다.
따라서 소비자가 변화를 인지할 수 있는 전략변수들을 분류 기준에
여러 개 도출할 필요가 있다.

　　일례로 통신서비스 산업에서 도출할 수 있는 주요 전략변수들로는
다음과 같은 것들이 있다. 제품으로는 통화 품질, 단말기 기능, 통신
기지국 수 등이 있고, 가격으로는 사용료, 기본료, 가입비, 단말기 가
격, 경쟁 제품과의 가격 차이 등이 있다. 유통망에서는 유통망의 개
수와 구조 및 유형, 장려금 등이, 판매촉진의 경우에는 광고비, 단말
기 보조금, 판매촉진 비용 등이 전략변수가 된다. 더불어 시장에 영
향을 미치는 주요 이슈의 변수화도 필요하다.

분류	주요 전략변수들	자료의 속성 (정량/정성)	자료 보유 여부	자료 확보 방법
제품	통화 품질 단말기 기능 기지국 수	정성/정량 정성 정량	미보유 미보유 보유	설문조사 설문조사
가격	가입비 단말기 비용 …	정량 정량 …	보유 보유 …	
…	…	…	…	…

도출된 전략변수는 앞의 표와 같이 정리한다. 주요 전략변수와 자료의 속성을 기록하고, 보유 여부와 확보 방법을 함께 표시한다.

단계 3 : 전략 도출

전략을 도출하는 방법에는 여러 가지가 있다. 시나리오를 전략으로 바꾸는 방법을 제안한 연구자도 있다. 필자는 로널드 하워드(Ronald A. Howard) 스탠퍼드대학 교수의 전략도출표(Strategy Generation Table)를 활용한 전략 개발을 제안한다. 전략도출표는 도출된 전략변수들의 다양한 조합으로 전략적 주제(Strategy Theme)를 선정하는데, 아래 표에서는 선으로 연결되어 있는 사각형 부분이 서비스 비즈니스

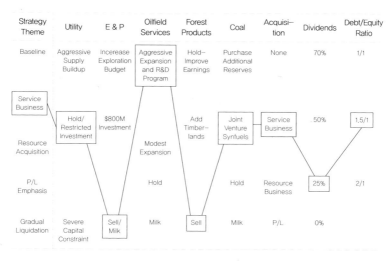

전략도출표(출처 : 로널드 하워드, 1988)

라는 전략적 주제다.

전략으로는 마이클 포터가 제시한 3개의 본원적 전략을 추천할 수 있다. 원가우위, 차별화, 집중화가 그것인데, 신상품이 아니라면 현재의 마케팅 전략을 고수하는 현상유지를 추가해서 전략별 수요예측 결과를 사업성 평가에 활용할 수 있다.

전략은 필요에 따라 범위를 달리해서 도출하기도 한다. 시장 전체를 포괄하는 전략을 도출하기도 하고, 개별 기업의 전략을 별도로 도출하기도 한다. 정부의 규제가 많은 통신서비스 분야에서는 주로 전체를 포괄하는 전략을 도출하는 경우가 많고, 경쟁이 치열한 제품의 경우에는 주로 개별적으로 접근하는 전략을 택한다.

단계 4 : 분석자료 수집

이 단계에서는 분석을 위한 자료를 결정하고 이를 수집한다. 앞서 도출한 전략변수에 대해 시계열 자료를 확보하거나 소비자의 선호도를 묻는 설문조사를 통해 자료를 수집할 수 있다. 수집한 자료에 대한 분석 방법은 자료의 종류에 따라 달라지는데, 한 가지 또는 여러 가지를 동시에 선택할 수 있다. 시장의 주요 이슈는 더미변수를 활용하여 변수화한다.

단계 5 : 전략별 수요예측

설문조사를 이용한 분석 방법은 신상품이나 미발생 이슈처럼 아직까지 시장에서 확인되지 않았거나 미래에 일어날 가능성이 있는 일에 대해 사용한다. 그러나 여기에는 몇 가지 약점이 있다. 우선 난해한 전략변수 때문에 응답자가 전략별 차이를 인지하지 못함으로써 반응 분석의 어려움을 초래하는 경우가 많다. 실제로 통신서비스의 전략별 수요예측을 수행하는 경우에도 광고와 판매촉진의 규모나 통신기지국 수 등이 마케팅 전략의 주요 변수임에도 불구하고 응답자의 이해 부족으로 반응 분석에서 애를 먹게 된다. 또한 전략별로 개인의 응답을 유도하기 때문에 전략이나 전략변수의 수가 많아지면 응답자의 변별력에 대한 신뢰도가 저하되거나 설문조사 시간과 비용이 예상보다 늘어날 수 있다. 또 응답자에게 제시되는 전략의 순서가 결과에 영향을 미치기도 한다. 따라서 설문조사에서 전략의 개수는 상위 수준의 전략만을 대상으로 하는 것이 바람직하다. 그러한 약점에도 불구하고 설문자료 분석은 미래의 이슈나 전략에 대해 사용할 수 있는 유효한 방법이다.

그에 비해 시계열 자료 분석 방법은 기업의 마케팅 전략을 테스트하거나 설문조사로는 파악하기 어려운 전략에 대한 고객 반응을 알아보는 데 유용하다. 약점은 전략변수마다 정량적인 자료 확보가 어렵다는 것이다. 기업들이 자사의 전략변수 공개를 꺼리는 경향이 있기 때문이다. 또 전략적으로 중요한 변수임에도 불구하고 시계열 자료에서 변수값의 변화(variation)를 확인할 수 없는 경우가 있다. 출시 당시의 가격을 바꾸지 않고 그대로 둔 경우도 있다. 외삽

(extrapolation, 확대 적용)에도 주의해야 한다. 변화 가능성이 있는 전략의 변수값이 시계열에서 관찰된 값의 범위를 넘을 경우에 이를 확대 적용하는 우를 범하지 않도록 해야 한다.

단계 6 : 전략변수의 민감도 분석

전략별 수요예측 결과가 나오면 회사는 개발된 전략들 중에서 선택을 해야 한다. 어떤 전략은 많은 수요가 예측될 수 있고, 어떤 전략은 상대적으로 적은 수요가 예측될 수 있는데, 의사결정을 위해서는 이에 대한 손익을 따져봐야 한다. 정량적인 재무적 손익뿐만 아니라 정성적인 회사 이미지 등을 고려해야 한다.

정량적 분석을 위해서는 전략별로 그에 따르는 비용과 수입 요인들을 먼저 파악해야 한다. 전략을 실행했을 때 예상되는 비용과 수입을 알아야 어느 전략을 취할 것인지 결정할 수 있기 때문이다. 마케팅 비용은 얼마나 들어갈지, 매출은 어느 정도로 일어날지 예상 자료를 만들어야 한다. 이것을 가지고 예측된 전략별 수요값과 계산을 해서 향후 2~3년 동안의 총손익을 정리할 수 있다. 이렇게 하면 매출(수요)이 많아도 비용이 더 많이 들어 결과적으로 손해인 전략이나 비록 매출은 크지 않지만 드는 비용이 적어 이익을 남기는 전략을 한눈에 확인할 수 있다.

정성적인 분석도 정량적인 분석 못지않게 중요하다. 회사 이미지와 비전, 사회환경적 요소 등은 당장의 매출이나 비용으로 환산하기 어렵지만 전략의 성패에 결정적인 역할을 수행한다. 회사의 전략적 의사결정은 이처럼 정량적 분석과 정성적 분석이 균형과 보완을 이룰 때 최선이 된다.

전략변수(이슈, 마케팅 변수 포함)의 민감도 분석은 전략의 실행계획 수립에 필수적이다. 전략변수들의 변화에 따라 반응(수요)이 크게 달라질 수 있기 때문이다. 이에 필요한 도구로 필자는 하워드 교수의 토네이도 다이어그램(Tornado Diagram)을 추천한다. 아래는 하나의 예를 든 것으로, 여러 변수들 중에서 결과에 가장 큰 영향을 미치는 변수를 위에, 영향이 작은 변수를 아래에 놓아 마치 토네이도 모양처럼 배치한 것이다. 이렇게 하면 영향력이 큰 변수를 금방 알아볼 수 있다.

토네이도 다이어그램(로널드 하워드, 1988)

'감 좋은 사람'의 예측력

필자는 기업 현장에서 프로젝트를 수행하면서 종종 '통찰력 있는 사람'을 만나게 된다. 점쟁이는 아니지만 한마디로 '감이 좋은 사람'이다. 경험에 의하면 이런 사람이 어느 조직에나 꼭 존재한다. 그리고 예측에 결정적인 도움을 준다.

어떤 조직이건 판매에 도움이 되는 프로모션이나 정책에 대해 다양한 의견이 있기 마련이다. 판단 기준이나 우선순위가 서로 다르기 때문이다. 하지만 감 좋은 사람은 이러한 복잡성에 대해 통계적으로 검증 가능한 '감'을 갖고 있다. 이런 사람이 있으면 예측모형을 쉽게 만들 수 있지만, 없거나 늦게 만나면 예측모형을 만드는 데 어려움을 겪게 된다. 감 좋은 사람의 직위도 문제다. 직위가 높으면 큰 힘이 되지만, 직위가 낮거나 감이 안 좋은 사람을 상사로 두고 있는 경우에는 상당한 어려움을 각오해야 한다.

감이 좋은 사람들은 통계적 분석 방법에 대해서는 잘 모르지만 평소 자신이 실행하는 마케팅 전략이나 각종 이벤트의 결과를 확인하고 정부 정책 등 시장의 변화에 영향을 미치는 요인 등을 자신만의 방법으로 꼼꼼히 기록하고 관리하면서 감각을 유지한다. 회사에서 없어서는 안 될 존재들이다. 그래서 필자는 프로젝트를 위해 현장에 가게 될 때 회사 CEO에게 그들의 존재를 알리고 소중히 관리하라고 일러준다. 그들이 보유하고 있는 지식과 감각을 적극 활용하고 계속해서 전수되게 하는 것이 회사 발전에 꼭 필요하기 때문이다.

그렇다면 이런 의문이 들 것이다. 감이 좋은 사람과 예측 전문가 중에서 누가 더 예측을 잘할까? 결론은 서로가 서로의 방법을 존중하고 수용할 때 예측을 잘할 수 있다는 것이다. 시너지 효과가 일어나기 때문이다.

감이 좋은 사람의 존재는 예측에 필요한 자료가 없을 때 더욱 빛난다. 그의 지식과 경험, 감각이 미흡한 자료를 메워준다. 필자 같은 예측 전문가가 제일 먼저 하는 일도 그의 말을 복기(復棋)하는 작업이다. 과거에 수요가 폭발적으로 늘어난 원인이 무엇이었는지, 그때 무슨 일이 있었는지 등에 관한 질문을 수없이 던져 필요한 정보를 얻는다. 경우에 따라서는 감 좋은 사람을 찾기 위해 전 직원들을 대상으로 검증을 실시하기도 한다. 그런 사람의 도움이 절실하기 때문이다.

감이 좋은 사람을 보면 그가 갖고 있는 감각 속에서 일관성을 발견할 수 있다. 이 일관성이야말로 예측의 중요한 기준이 된다. 이것이 수요예측모형에 반영되어 감이 좋은 사람의 지식과 모형에서의 설명변수 관계 그리고 실제 자료가 일치하고 상호 지지해주는 관계가 될 때 만족스러운 예측 결과가 나오게 된다.

그런가 하면 요즘에는 예측기법이 진일보하여 일관되게 틀리는 사람의 정보를 활용하기도 한다. 여기에 여러 예측값들을 가중하여 예측 결과를 만들어낸다. 이를 '예측치 조합(combining forecasts)'이라고 하는데, 여러 개의 예측치를 조합하여 사용하면 하나의 예측치를 사용하는 것보다 더 정확하다는 연구 결과도 있다. 경제성장률 예측치를 발표하는 기관들도 이와 같은 방법을 사용한다. 때로는 여러 기관의 예측치들을 단순 평균한 것이 더 정확한 경우도 있다.

혹시 주변에 감이 좋은 사람과 좋지 않은 사람이 있는가? 그렇다면 그 두 사람을 예의주시할 필요가 있다. 풍향계가 바람이 가는 길을 알려주듯, 두 사람의 감이 예측의 정확성을 높여주는 귀중한 바로미터가 될 수 있다.

고사성어에 예측 방법이 있다?

필자는 예측을 업으로 삼고 있다. 그러나 예측은 할 때마다 새로운 고민으로 다가오는, 참으로 어려운 문제임을 절감하게 된다. 누군가에게 예측 방법을 설명하려 할 때도 마찬가지 어려움을 느끼곤 한다. 그러다가 어느 날 문득 떠오른 생각이 있었다. 우리 생활에서 자주 쓰는 고사성어를 활용하면 예측 방법을 보다 쉽게 설명할 수 있지 않을까? 그러면 이해가 빠르겠다는 생각이 들었다.

이와 관련하여 선정한 고사성어들을 아래에 소개한다.

• 결자해지(結者解之) : 자신이 만든 일은 자신이 해결함.

→ 예측에서는 아주 작은 것이라도 오차가 생길 수 있다. 이를 100% 해결하는 방법은 없다. 하지만 이 같은 오차를 반영하여 예측하는 방법이 있는데, 오차수정모형(Error-correction Model)이다. 이 모형은 지난번에 틀린 오차를 이용하여 이번의 예측치를 조정해주는 방법이다.

- 동고동락(同苦同樂) : 괴로움과 즐거움을 함께함.
- 수어지교(水魚之交) : 물과 고기 사이처럼 특별한 친분이 있음.
- 유유상종(類類相從) : 끼리끼리 사귐.

→ 항상 같이 움직이는 2개의 시계열을 활용하는 예측 방법이 있다. 증가할 때 같이 올라가고, 감소할 때도 같이 내려가는 변수를 이용하는 것이다. 이때 두 시계열은 공적분(cointegration) 관계가 있다고 말한다.

- 명약관화(明若觀火) : 불을 보듯 훤함.
- 파죽지세(破竹之勢) : 세력이 강하여 막을 수 없음.

→ 시계열에 뚜렷한 흐름이 보이는 경우 '확정적 추세(deterministic trend)'가 있다고 말한다. 즉 예측해야 할 대상에 뚜렷한 추세가 있어 불을 보듯 뻔한 경우를 두고 하는 말이다. 실제 예측에서는 드문 일이다.

- 사상누각(砂上樓閣) : 기초가 약하여 오래 가지 못함.
- 작심삼일(作心三日) : 결심한 것이 사흘을 가지 않음.

→ 예측 대상에 구조적인 변화가 자주 일어나면 그때그때 예측모형을 변경시켜야 한다. 이럴 경우 예측 대상의 기초가 되는 부분이 수시로 바뀌는 문제가 생기므로 이를 해결하기 위해 구조 변화를 사전에 감지할 수 있는 예측모형을 사용한다. 정부의 경제부처에서 조기경보시스템을 구축하여 시장의 변화를 사전에 포착하는 것이 한 예이다.

- 새옹지마(塞翁之馬) : 세상일은 복이 될지 화가 될지 알 수 없음.
- 전화위복(轉禍爲福) : 화가 바뀌어 복이 됨.

→ 좋은 일 다음에 나쁜 일이 오고 나쁜 일 다음에 좋은 일이 생기는 것처럼, 예측 방법에도 과거의 값과 반대로 움직이면서 예측하는 방법이 있다. 음의 상관관계를 가지는 자기회귀모형(Autoregressive Model)이 그런 경우로, 통신료 때문에 엄마한테 혼나고 나면 휴대폰 사용량이 줄어들고, 아무 말 하지 않으면 사용량이 늘어나는 예가 이에 해당한다.

- 오리무중(五里霧中) : 도무지 종적을 알 수 없음.
- 우왕좌왕(右往左往) : 사방으로 왔다 갔다 함.

→ 예측오차의 분산이 좀처럼 줄어들지 않는 경우, 즉 다른 요인으로 설명이 안 되는 것은 물론 바로 전의 값으로도 예측오차를 분석하

기 어려운 경우를 일컬어 '확률보행과정(random walk process. 마치 술 취한 사람이 걸어가는 모양)'을 따른다고 한다. 주가의 변동에서 이러한 일이 많이 발생한다.

- 오비이락(烏飛梨落) : 까마귀 날자 배 떨어짐.
→ 잘못된 예측을 말한다. 날아가는 까마귀와 떨어진 배처럼 연관 (인과관계)성이 없는 요인에 빗대어 예측하는 경우 '가성회귀(spurious regression)'가 발생했다고 한다. 전문가들도 많이 저지르는 과오 가운데 하나다.

예측은 무에서 유를 창조하는 행위가 아니다. 우리가 흔히 접하는 일상생활에서 힌트를 얻고 그것을 심화 혹은 확대하여 방법을 찾고 결과를 내놓는 것이다. 새로운 예측 방법도 미지의 영역에서 건져올린 것이 아니라 과거의 경험과 자료를 바탕으로 아이디어를 내고 실험을 거쳐 만들어지는 것이다. 따라서 좋은 예측을 위해서는 매 순간 일어나는 주변의 일들을 세심히 관찰하고, 의미를 파악하고, 다른 것과 연결할 수 있는 눈을 길러야 한다.

'Per aspera ad astra!(거친 들을 거쳐 별에게로)'

필자가 좋아하는 라틴어 격언이다. 의미상으로 고진감래(苦盡甘來)쯤 될 것이다. 예측하는 일도 그런 것 같다.

예측에 필요한 데이터 & 정리 방법

데이터 세트의 준비

사람들은 실적이나 판매량 데이터만 있으면 예측이 가능하다고 생각한다. 하지만 데이터가 있다고 해서 예측이 이루어지는 것은 아니다. 데이터와 함께 이를 설명해줄 수 있는 내용이 필요하다.

필자가 기업에서 예측을 의뢰받을 때 가장 많이 듣는 소리가 있다. 하나는 "우리 회사는 데이터가 엄청나게 있습니다"이고, 또 하나는 "그런 변수는 없는데요"라는 말이다. 이 말의 뜻은 데이터가 정리되지 않은 상태로 무한정 쌓여 있다는 것이고, 그렇지만 그런 데이터를 설명할 수 있는 기업의 활동, 이를테면 광고나 경쟁사의 마케팅 활동 같은 설명변수들은 따로 정리되어 있지 않다는 것이다. 예측을 위해서는 그 2가지가 모두 필요한데도 말이다.

현장에 가보면 데이터를 설명해주는 변수들은 대부분 개인이 갖고 있는 경우가 허다하다. 직원이 자신의 업무에 참고하기 위해 자신만 알 수 있게 따로 엑셀에 정리해놓은 것들이다. 문제는 이 사람이 다른 부서로 가거나 전직을 했을 때 그 노하우(know-how)가 전혀 전수되지 않는다는 것이다. 그 결과 시스템이 제대로 구현되지 않는다. 한번은 필자가 기업의 시스템 내에 별도 항목을 만들어 설명변수를 입력하게 한 다음 시스템을 구현하는 시도를 한 적이 있다. 결과는 불가였다. 몇 개의 변수만 가지고는 예측이 어려운 것이다.

분석을 해보기 전에는 어떤 변수가 수요에 영향을 미치는지 꿰뚫어볼 수가 없다. 따라서 가능성 있는 여러 변수들을 미리 체크해서 준비해두어야 한다. 또한 시장 상황이 바뀌면서 과거에는 영향을 미치지 못하던 변수가 다시 중요한 변수가 될 수도 있기 때문에 시스템상에서 적절한 공간(Field)을 고려해야 한다. 이와 같은 데이터 세트(Data set) 준비가 예측의 성패를 좌우한다.

수요 데이터는 하나가 아니다

수요 데이터가 뻔하다고 생각할지 모르지만, 결코 그렇지 않다. 기업에 가보면 주문 날짜를 기준으로 정리된 수요, 고객이 원하는 납기일 기준으로 정리된 수요, 출고한 날짜별로 정리된 수요, 실제로 고객의 손에 전달된 시점으로 정리된 수요 등 다양한 수요(판매) 데이터들이 있다. 이 가운데 어느 데이터가 사용 가능하고 분석에 적합한지 논의하여 결정하기란 결코 쉬운 일이 아니다. 시간도 많이 걸리고 노력도 적잖이 든다. 효과적인 데이터 관리가 필요한 까닭이다.

모든 데이터에는 반드시 주인이 있어야 한다. 어떤 조직이건 내부에 해당 데이터의 이력관리를 담당하는 책임자를 두어야 한다. 그래야만 언제 어떤 상황에서든 필요한 데이터를 선별하여 예측에 활용할 수 있다. 책임자가 바뀌었을 때 인수인계에도 철저를 기해야 한다. 처음에 데이터를 만든 사람이 퇴사하는 바람에 그를 다시 찾아가 원하는 데이터가 무엇인지 확인하느라 고생하는 일이 없도록 해야 한다.

데이터의 분석 주기 결정

비즈니스 환경이 급변하면서 정책이나 전략과 관련한 기업의 의사결정도 과거와 달리 단기적으로 이루어지는 경우가 많아졌다. 이에 따라 데이터 분석의 주기도 전보다 짧아졌다. 아직도 월별로 분석하는 경우가 대부분이지만, 대기업들을 중심으로 주별 예측을 원하는 경우가 늘어나고 있다.

분석 주기가 결정되면 그에 따라 기업 내부의 수요 데이터를 정리하게 되는데, 이때 중요한 것은 해당 수요를 설명하는 다른 변수들도 주기에 맞추어 함께 정리해야 한다는 것이다. 왜냐하면 변수별로 조사하는 시기가 각기 다른 데다 보통은 그 주기가 분기나 1년 단위로 존

재하기 때문이다. 경우에 따라 같은 값을 그대로 사용하거나 보간법
(interpolation)을 이용하여 변수를 조정하기도 한다.

중요한 데이터가 없을 때

중요한 변수임에도 불구하고 제대로 정리되어 있지 않거나 아예 갖
고 있지 않은 기업들이 적지 않다. 경쟁사의 광고비만 해도 그렇다. 분
명 해당 제품의 수요에 상당한 영향을 미칠 것임에도 불구하고 이를
잘 정리된 데이터로 보유하고 있는 기업은 매우 드물다.

이때 유용하게 사용할 수 있는 것이 '더미변수(dummy variable)'다.
앞에서 설명했듯이 더미변수는 '0' 또는 '1'로 표현되는 변수로 '이진변
수(Binary variable)' 또는 '식별변수(Indicator variable)'라고 부르기도
한다. 계량경제학과 예측에서 가장 많이 사용한다.

데이터 정리 방법

예측을 위해서는 그전에 데이터를 정리해야 한다. 그런데 의외로
데이터를 정리하는 데 어려움을 호소하는 이들이 많다. 특히 통계 소
프트웨어를 통한 데이터 정리는 초보자들에게 큰 골치가 아닐 수 없
다. 최근에는 엑셀에서 정리한 결과를 곧바로 통계 소프트웨어에 붙
여 사용할 수 있는 방법이 나와 큰 도움을 주고 있다.

데이터의 정리 방법은 분석 데이터의 종류에 따라 크게 3가지로 나
눌 수 있다. 횡단면 데이터, 시계열 데이터, 패널 데이터가 그것이다.

Rank	Abbreviated Journal Title	ISSN	JCR Data					
			Total Cites	Impact	5-Year	Immediacy	Articles	Cited
1	BEHAV BRAIN SCI	0140-525X	6402	18.571	23.173	2.286	14	>10.0
2	TRENDS COGN SCI	1364-6613	15717	16.008	16.845	4.056	54	7.3
3	NEUROSCI BIOBEHAV R	0149-7634	12968	9.44	9.924	2.129	147	6.8
4	CORTEX	0010-9452	5265	6.161	5.042	2.745	106	5.3
5	FRONT BEHAV NEUROSCI	1662-5153	989	4.758	5.065	0.646	82	2.5
6	AUTISM RES	1939-3792	700	3.988	4.776	0.447	38	3.1
7	EVOL HUM BEHAV	1090-5138	2536	3.946	4.249	0.459	85	7
8	COGN AFFECT BEHAV NE	1530-7026	2402	3.866	5.353	0.559	59	6.1
9	HORM BEHAV	0018-506X	7968	3.735	4.006	1.096	167	6.6
10	GENES BRAIN BEHAV	1601-1848	2912	3.597	3.967	0.645	107	4.6

출처 : JCR

횡단면 데이터

횡단면 데이터(Cross Sectional Data)의 대표적인 예로는 JCR (Journal Citation Reports. 과학기술·사회과학 저널 평가 데이터베이스)에서 매년 발표하는 '임팩트 팩터(Impact Factor, 영향력 지수)'를 들 수 있다. 엑셀시트에 학술잡지 이름을 알파벳 순으로 나열하고, 잡지들의 공통적인 특성(여기서는 Impact Factor에 대한 값)을 횡단면 데이터로 정리해놓았다.

이런 식으로 영화관별, 도시별, 국가별로 특성을 정리하면 분석 목적에 따라 횡단면 데이터를 만들 수 있다.

시계열 데이터

특정 변수의 값을 시기별로 정리한 것을 '시계열 데이터(Time-series

품목별	차량연료	휘발유	경유	LPG(자동차용)
2003. 01	89.296	90.664	70.869	77.665
2003. 02	91.675	93.077	73.845	77.764
2003. 03	93.006	94.369	75.418	79.937
2003. 04	89.519	90.836	70.925	79.937
2003. 05	88.722	90.06	69.914	78.801
2003. 06	87.61	89.199	68.791	69.217
2003. 07	87.557	88.681	71.768	79.196
2003. 08	87.499	88.595	71.768	79.987
2003. 09	87.505	88.595	71.88	79.987
2003. 10	87.418	88.509	71.711	80.036
2003. 11	89.016	90.147	74.238	78.554
2003. 12	89.925	90.922	75.979	82.408

Data)'라고 한다. 위의 엑셀표는 우리나라의 유류별 월별 판매량을 시계열 데이터로 만든 것이다.

시계열 데이터를 활용하면 시기적 특성을 반영한 추세와 다른 변수들의 효과를 동시에 분석할 수 있다. 최근에 기업들이 자체 데이터베이스 관리에서 이 방법을 많이 쓰고 있다.

패널 데이터

패널 데이터(Panel Data)는 앞서 소개한 횡단면과 시계열의 특성을 결합한 방법이다. 시계열 데이터를 나라별 또는 제품별로 구분해서 정리한다.

세계은행(World Bank)은 국가별로 나타나는 제도적 특성을 '거버

국가	연도	시민 참여성과 책임성	정치적 안정성과 비폭력
영국	2002	1.270661316	0.613591752
영국	2003	1.309314089	0.280474869
영국	2004	1.611000606	0.171038873
영국	2005	1.436954334	0.105587821
영국	2006	1.389313807	0.610528959
영국	2007	1.339637046	0.526037052
영국	2008	1.324346755	0.42411264
영국	2009	1.322740361	0.159648941
영국	2010	1.306651376	0.438551088
영국	2011	1.271083373	0.374129113
영국	2012	1.324370085	0.409812238
미국	2002	1.347685449	0.213073728
미국	2003	1.302870219	0.06930326
미국	2004	1.310488134	-0.18309897
미국	2005	1.275899977	-0.0850581
미국	2006	1.06516852	0.367386319
미국	2007	1.087261197	0.251293601
미국	2008	1.115596217	0.450839225
미국	2009	1.12070738	0.344946486
미국	2010	1.153039056	0.345180211
미국	2011	1.134073531	0.537667556
미국	2012	1.115833419	0.63433998

넌스(governance)'라고 명명하고, 6개 지표를 이용하여 매년 전 세계 국가들(215개국)을 측정해왔다. 위의 표는 이 가운데 시민 참여성과 책임성(voice and accountability), 정치적 안정성과 비폭력(political stability and absence of violence) 지표를 정리한 것이다

　엑셀에서 패널 데이터를 정리할 때 국가와 국가 사이에 한 행을 띄

우는 이유는 식별을 위한 것만이 아니다. 예측모형을 만들 때 자신의 과거값을 사용하는 모형, 즉 '자기회귀모형(Autoregressive Model, AR Model)'을 자주 사용하게 되는데, 이 과정에서 자신이 아닌 다른 과거값을 사용함으로써 일어나는 오류를 방지하기 위한 것이다. 이와 같은 패널 데이터는 통계 소프트웨어의 특성에 따라 정리하는 법이 다르므로 별도의 공부가 필요하다.

엑셀은 통계회사의 최고 라이벌?

데이터를 정리하는 방법을 소개한 김에 엑셀을 통한 데이터 분석에 대해서도 간략히 설명하고자 한다.

통계분석이나 예측에서 주로 사용하는 소프트웨어는 SAS, SPSS 등이다. 그런데 최근 들어 엑셀을 사용하는 경우가 늘고 있다. 엑셀에 탑재되어 있는 데이터 분석 기능을 이용하면 기본적인 작업이 가능하기 때문이다.

엑셀을 통한 분석을 위해서는 먼저 '엑셀 분석도구'를 설치해야 한다. 그림에서처럼 엑셀을 실행시킨 다음 'Office 단추'를 누른다.

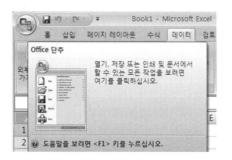

'Office 단추'를 누르면 오른쪽 아래에 'Excel 옵션'이라는 버튼을 볼 수 있다. 이 버튼을 누르면 이어서 다음 창이 나타난다.

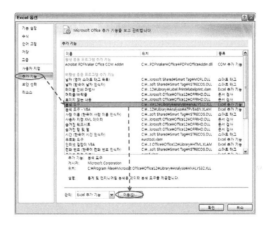

여기서 '활성 응용 프로그램 추가 기능'의 분석 도구를 선택하고 아래의 '이동' 버튼을 누르면 다음 창이 활성화된다.

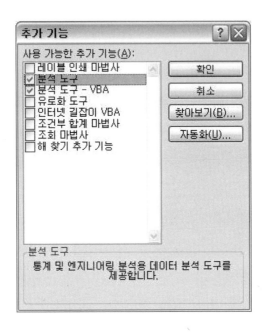

추가 기능에서 '분석 도구'와 '분석 도구 – VBA'를 선택해서 '확인'
버튼을 눌러 설치하면 아래처럼 엑셀의 '데이터' 메뉴가 생기는데, 이
것을 클릭하면 '데이터 분석'이라는 메뉴가 만들어진 것을 확인할 수
있다.

여기서 다시 '데이터 분석'을 클릭하면 다음의 창이 활성화되며, 통계 패키지에서 사용하는 기본 기능들을 만날 수 있다.

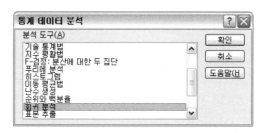

아직도 궁금한 예측을 위하여

시스템이 예측하는가?

ERP(Enterprise Resource Planning), CRM(Customer Relationship Management), SCM(Supply Chain Management)은 컨설팅업계에서 통용되는 화두들이다. 이와 관련한 프로젝트를 진행하다 보면 현업에 있는 사람들이 이렇게 질문한다.

"시스템에서 예측치를 모두 제공할 수 있는가?"

답부터 말하자면 노(No)다. 물론 시스템으로 해결될 정도의(예측 교과서에서 소개되는 아주 결과가 좋은) 시계열만 있다면 답은 예스(Yes)가 될 수 있다. 그러나 세상의 문제는 교과서에 나와 있는 대로 풀리지 않는다. 심지어 아무런 자료도 없는 상태에서 예측을 해야만 하는 경우도 있다. 그런데도 사람들은 그런 현실의 문제를 생각하지 않고 비현실적인 기대를 한다. 매월 2만 개의 부품 수를 예측해야 하는 기업의 관계자들도 매한가지다.

이제는 질문을 바꾸어야 한다. "시스템으로 해결 가능한 것들은 어떤 것인가?", "시스템으로 해결 못하는 것들은 어떻게 예측해야 할까?"와 같이 말이다.

한 번 만든 예측모형을 계속 사용할 수 있는가?

만약 예측모형을 계속해서 사용할 수 있다면 예측을 전공하는 학생들의 미래는 그리 밝지 못할 것이다. 한 번 만들어 평생 동안 쓴다면 기업들도 더 이상 예측을 위해 투자하지 않을 것이기 때문이다. 물론 모든 규칙이 그렇듯 예외가 있다. 모형에서 가정한 환경이 그대로 유지된다면 예측모형을 바꾸지 않고 그대로 사용할 수 있다. 과거에서부터 지금까지 발생한 현상이 미래에도 변하지 않을 경우에 해당되는 이야기다. 하지만 그런 경우는 거의 없다. 100년간 축적된 자료가 있다 해도, 또 그 자료를 통해 아주 잘 만들어진 예측모형이 있다 해도 오늘 다른 일이 발생하여 과거에 가정했던 환경이 달라진다고 하면 어제까지의 자료와 예측모형은 더 이상 쓸모없는 것이 되고 만다. 이러한 변화를 '구조 변화(Structural Change)'라고 한다.

많은 학자들이 구조 변화를 고려한 예측모형을 연구하고 있다. 그들이 개발한 모형들도 여럿 있다. 중요한 점은 구조 변화의 발생을 명확히 알아야 한다는 것이다. 그래야만 즉시 예측모형을 수정하거나 다시 개발할 수 있기 때문이다.

그러면 구조 변화는 어떻게 인지할 수 있을까? 자신이 분석하는 자료에 어떤 변화가 일어나고 있는지를 예의 주시해야 한다. 기존의 예측모형으로 설명할 수 없는 부분이 나타나면 일단 구조 변화를 의심할 수 있다. 물론 그것도 확인에 확인을 거듭해야 한다. 얼마나 틀리는지, 틀리는 양상이 일시적인 것인지 아닌지, 정말로 구조 변화가 일어난 것인지 세심하게 들여다보아야 한다. 이를 위해 각종 사건(분석하고 있는 자료에 영향을 미칠 수 있는 사건)들을 면밀히 조사해야 한다. 과거 IMF 외환위기나 독과점이었던 통신시장에서의 경쟁 체제 도입 같은 사건들은 그때까지의 구조를 일거에 변화키는 중대한 사건이었다.

어떤 자료로 분석해야 할까?

최근에는 기업들도 내부적으로 데이터베이스 마케팅(Database Marketing)이나 OLAP(On-line Analytical Processing. 사용자가 다양한 각도에서 직접 대화식으로 정보를 분석하는 과정) 등의 프로젝트를 수행하고 있다. 이들 시스템은 기업이 보유한 고객 정보를 한눈에 파악할 수 있는 좋은 도구들이다. 한편에서는 이와 관련한 분석 요청이 예측 전문가들에게 수시로 들어오고 있다.

필자와 같은 예측 전문가들은 분석 프로젝트를 수행할 때 이런 질문을 던진다.

"어떤 자료로 분석해야 하는가?"

역으로 이런 질문을 받을 때도 있다. 데이터베이스를 처음 설계할 때 분석을 염두에 둔 자료 정리 항목을 설정하지 않았기 때문이다. 자료는 있는 것도 중요하지만, 어떻게 활용할 것인가도 그에 못지않게 중요하다. 분석에 사용할 자료를 신중하게 결정해야 한다. 그리고 그것은 분석을 어느 수준으로 할 것인지에 따라 달라진다. 수십억 원을 투자하면서 단순한 도수나 기초 통계만을 원하는 기업은 없을 것이다. 본격적인 분석에 앞서 자료 분석이 선행되어야 하는 이유다.

2001년 통신회사의 요금 인하와 효과에 대한 프로젝트를 수행할 때의 일이다. 전에 이 회사는 4번의 요금 인하를 단행한 적이 있었다. 하지만 그때그때 고객의 행태가 어떻게 바뀌었는지에 대한 자료는 갖고 있지 않았다. 남아 있는 것이라곤 미리 정해놓은 고객 그룹의 평균값이었는데, 그것도 맨 마지막 요금 인하 때의 것만 있었다.

기업에서 자료를 관리하는 직원들은 반문한다. "그렇게 많은 데이터를 어떻게 다 가지고 있을 수 있느냐? 하루만 지나도 하드디스크에 쌓이는 데이터가 얼마나 되는지 알기나 하냐?"라고 말이다. 물론 그럴 수 있다. 고객에 대한 모든 자료를 처음부터 끝까지 다 가지고 있을 수는 없다. 하지만 통계를 조금만 알아도 이런 문제를 쉽게 해결할 수 있다. 임의추출(Random Sampling)한 고객에 대한 자료 1~2% 정도만 있어도 원하는 분석을 할 수 있다. 이에 대한 연구 결과가 바로 샘플링(Sampling)이다. 만약 샘플을 효과적으로 뽑는 방법을 개발하지 않았다면 통계학의 발전도 없었을 것이다.

설명변수 선택은 어떻게?

어떤 기업의 DB마케팅 분석 결과를 들여다본 적이 있었다. 가입자의 이탈 확률을 예측한 것이었는데, 예측모형에 40여 개의 설명변수가 들어 있었다. 그중에는 가입한 지 오래된 가입자일수록 이탈하지 않는다는 내용도 있었다. 그런데 그것은 너무도 당연한 결과 아닌가? 정작 중요한 것은 최근에 가입한 사람이 얼마나 유지할 것인지, 오래 유지하도록 만들려면 어떻게 해야 하는지가 아닐까? 그런데도 해당 직원은 예측모형에 아주 만족하는 것 같았다.

하지만 마케팅부서의 생각은 달랐다. 예측모형에 문제가 있다는 것이었다. 모형의 예측 결과를 보고 이탈 확률이 높은 사람을 찾아갔더니 이미 이탈한 후인 경우가 많았다고 했다. 게다가 이탈 확률이 높은 사람을 어떻게 하면 이탈하지 않게 할 수 있는지 그 방법을 몰라 답답하다고 했다.

이것이 과연 이 기업만의 현실일까? 필자가 보기에는 CRM을 시행하는 기업들 대부분도 별반 다르지 않은 것 같다. 그런 속에서 마케팅 직원들의 속만 타 들어가고 있다.

그렇다면 예측모형 안에 들어가는 설명변수는 어떤 것을 선택해야 할까? 우선적으로 그러한 행동(이를테면 가입자 이탈)의 원인이 되는 변수가 들어가야 한다. 그리고 그 변수는 지극히 상식적이고 인과관계가 명확하며, 사람들의 행태를 대표할 수 있어야 한다. 또한 예측모형은 변수가 바뀌면 어떻게 되는지를 실험할 수 있는 것이어야 한다. 따라서 설명변수들 간의 관계를 명확히 아는 것이 중요하다. 그래야만 비로소 올바른 설명변수의 선택으로 이루어진 예측모형으로 회사의 전략을 결정할 수 있게 된다.

예측은 어떻게 변화하는가?

예측은 산업의 발전과 더불어 변화하게 된다. 이를 간략히 살펴보면 다음과 같다.

시장 전체에 대한 예측

산업 발전의 초기에는 주로 시장 전체의 변화를 예측한다. 기업 간 경쟁이나 소비자의 다양성이 미미한 상황이기 때문인데, 가입자 수, 총 판매대수 등에 초점을 맞춘다.

세그먼트별 수요예측

산업의 발전이 어느 정도 이루어지고 후발주자(기업)들이 틈새시장을 공략하기 시작하면 세그먼트(집단)별 수요예측을 하게 된다. 특정 브랜드가 등장하면서 기업 간 경쟁이 갈수록 틈새시장으로 옮겨가게 되기 때문이다. 자동차 배기량별 수요, 사업자별 시장점유율, 여성이

나 청소년을 위한 통신요금제별 수요 등을 주로 예측한다.

개인의 구매/이탈 확률 예측

시장이 성숙하고 각 기업마다 학습효과를 경험하고 가격 경쟁이나 충성고객 확보 전쟁이 극심해지면 개인의 구매/이탈 행태에 초점을 맞춘 예측이 주를 이룬다. CRM 등이 이러한 예측에 근간을 두고 생겨났으며, 멤버십카드나 제휴할인카드 역시 이 같은 배경 위에서 만들어지고 활용되고 있다.

개인의 행태를 바꾸는 전략 개발

개인의 구매/이탈 확률에 대한 예측을 하고 나면 이들의 행태를 기업이 원하는 쪽으로 바꾸고 싶어 한다. 다시 말해서 이탈할 것으로 예측되는 고객의 이탈을 막고 자사의 고객으로 남게 하며 더 우량한 고객으로 만들 수 있는 전략을 개발하게 된다. 사실 이 문제는 CRM 프로젝트를 거친 기업들이 공통적으로 안고 있는 고민이기도 하다. 여기서 중요한 것은 개인의 행태를 바꿀 수 있는 전략변수가 예측모형 안에 들어 있어서 전략변수의 값의 변화에 따라 그들의 행태가 어떻게 변하는지 모의실험을 할 수 있어야 한다는 것이다.

편차(Bias)가 없을 수 있는가?

통계를 공부하면서 자연스럽게 접하게 되는 용어인 'unbiased(편의 없는, 치우치지 않은)'는 예측 전문가들에게 괴롭게 다가오는 존재다. 이 용어는 알고 싶어 하는 모수(통계량)가 실제로 구한 수치(통계량)와 일치할 때만 사용할 수 있다. 하지만 이는 거의 신의 영역이라고 할 만큼 불가능에 가깝다. 그럼에도 불구하고 예측 전문가들은 끊임없이 도전한다. 모수가 불편추정량(unbiased estimator)이어야만 안심하고 사용할 수 있는 조건을 만족했다고 말할 수 있기 때문이다. 그렇지 않고 편의 추정량(biased estimator)이 되면 문제가 심각해진다. 그러므로 최대한 다양한 각도에서 자료와 현상을 바라볼 줄 알아야 한다. 치우치지 않고 살려면 좌우를 골고루 살펴봐야 하는 것처럼 말이다.

전략 수립이 먼저일까, 수요예측이 먼저일까?

이 질문에 결론부터 말한다면 전략별로 수요예측을 해서 전략을 결정해야 한다는 것이다. 물론 방법이 설문조사밖에 없거나 전략을 비밀에 부쳐야 하는 경우는 예외가 될 수 있다.

실적자료(시계열로 된 판매자료 등)는 전략 실행에 따른 소비자의 반응과도 같은 것이다. 따라서 이 자료를 잘 분석해보면 회사가 구사하고 있는 광고나 가격, 프로모션 전략이 얼마나 판매(수요)에 효과가 있는지 확인할 수 있다. 이를 통해 수요예측모형을 구하고 전략별로 수요가 어떻게 변화하는지 모의실험을 진행하게 된다. 즉 전략변수들이 수요에 미치는 영향(민감도)을 분석하는 것이다.

이 책은 얼마나 팔릴까?

이 책을 쓰면서 어떤 사람들이 이 책을 읽을지 예측해야만 했다. 얼마나 팔릴까? 누가 돈 주고 이런 책을 사볼까? 어떤 사람이 살까? 어떤 수준으로 글을 써야 할까? 이런 주제에 관심이나 있을까? 온갖 의문과 근심거리가 마치 골치 아픈 프로젝트 의뢰를 받은 것 같았다.

아니 솔직히 말하면 이 책이 1권이라도 더 많이 팔리게 하려면 어떻게 해야 할까를 고민했다. 처음에는 예측 방법들을 먼저 제시하고 그에 맞게 책을 써볼까 생각하기도 했다. 그러나 이내 접고 말았다. 너무 어려울 것 같았기 때문이다. 과연 내가 그런 책을 쓸 만한 역량이 되는지 의문도 들었다. 필자보다 뛰어난 전문가들이 많기도 할뿐더러 필자가 적용한 예측 방법들이 정답이라고 자신 있게 말하기도 어려웠기 때문이다. 물론 언젠가는 그런 책을 써보고 싶은 소망이 있다.

그래서 결국 가벼운(?) 결정을 내렸다. 다양한 분야의 예측 프로젝트를 맡아 진행한 경험을 에세이 형식에 담아보기로 했다. 필자는 그동안 스포츠, 전자제품, 피자, 커피, 위스키, 보험, 핸드폰, 통화량, 외식업, 전자소자, 인터넷쇼핑몰, 직무만족도, TV, 관광, 영화관, 주유소 등과 관련한 예측 문제를 다루어왔다. 그 과정에서 모두를 놀라게 할 만큼의 정확한 예측으로 큰 보람을 느낀 적도 있었고, 아무리 노력해도 예측오차가 줄지 않아 어려움을 겪은 적도 있었다. 돌이켜보면 그 모든 순간 하나하나가 지금의 필자에게는 소중한 자산으로 남아 있다.

이 책을 쓰면서 무엇보다 좋았던 것은 1997년부터 시작한 예측 인생을 정리하는 시간을 가질 수 있었다는 점이다. 그러면서 앞으로 나아갈 수 있는 힘과 영감을 얻게 되었다. 과거에 그랬듯이 필자가 마주할 예측 문제들도 여전히 필자를 힘들게 하겠지만, 그 너머에는 분명 남모르는 성취감과 기쁨이 기다리고 있을 것이다.

바라건대 이 책이 예측의 세계를 올바로 이해하고 보다 많은 관심을 가질 수 있게 하는 징검다리가 되었으면 한다. 예측이 결코 멀고 어려운 미래의 이야기가 아니라 우리의 생활과 비즈니스에 밀착되어 있는 지극히 현실적인 문제라는 사실을 깨달았으면 좋겠다. 크고 작은 모든 계획, 투자하는 시간과 노력의 성패가 예측과 결부되어 있기 때문이다.

끝으로 예민한 남편이자 아빠, 아들, 스승 때문에 피곤했을 가족, 부모님, 제자들에게 미안한 마음을 전하고 싶다. 무엇 하나 그냥 지나치는 법 없이 관찰하고 확인하는 버릇, 한번 일에 빠지면 헤어나오지 못하는 성향이 함께 생활하는 이들에게 적지 않은 민폐를 주었을 것을 생각하니 새삼 용서를 구하고 싶다. 그리고 감사한다.

오늘도 필자는 길을 걸으며 예측쟁이로 살아갈 시간들에 건투를 빌었다.

필자가 사용하는 통계 소프트웨어 ──────────────────────

SAS

- 가장 정확한 추정 알고리즘을 가지고 있다.
- 패키지 가격이 매우 비싸고, 컴퓨터 설치 용량이 대용량이다.
- 프로그램을 직접 작성해야 한다. 물론 인터넷에서 이미 작성된 것을 수정해서 사용할 수도 있다.

SPSS

- 설문조사용으로 가장 적합하다. 변수 이름을 한글로 변경할 수 있다.
- 비선형 모형이나 복잡한 모형을 만들어 추정하기에 다소 어려움이 있다.
- 경영학과 대학원이나 학부의 마케팅 조사론 수업에서 대부분 SPSS를 이용한다.

E-views

- 시계열 분석 전용 패키지다.
- 모형 추정 후 그래프나 수식을 쉽게 확인할 수 있다.

R

- 무료 패키지다. 최근 대학원에서 새로운 추정 방법이나 모형을 개발하여 논문을 작성하는 학생들이 주로 사용한다.
- 프로그램을 직접 작성해야 한다. 물론 인터넷에서 이미 작성된 것을 수정해서 사용하면 비교적 쉽다.

엑셀

- 엑셀에서도 예측을 위한 통계적 분석 방법을 이용할 수 있다. 추가 기능에서 데이터 분석이라는 옵션을 설치(추가 CD 불필요)하면 된다.
- 상관분석, 기술통계량, 회귀분석, 분산분석 등을 할 수 있다. 이 정도면 대학원 수준의 데이터 분석도 가능하다.

예측에 도움이 되는 책

- James D. Hamilton 《Time Series Analysis》 Princeton University Press, 1994
  시계열 분석 방법과 모형 소개. ARIMA모형, VAR모형, 오차수정(Error Correction)모형,
  ARCH 등 변동성 모형

- Dominique M. Hanssend, Leonard J. Parsons, and Randall L. Schultz 《Market
  Response Models》 2ed, Kluwer Academic Publishers, 2001
  다양한 시장 반응 모형 소개

- Peter S. H. Leeflang, Dick R. Wittink, Michel Wedel, and Philippe A. Naert 《Building
  Models for Marketing Decisions》 Kluwer Academic Publishers, 2000
  마케팅 모델의 교과서로 가장 널리 사용되는 책

- Vijay Mahajan, Eitan Muller, and Yoram Wind 《New-Product Diffusion Models》
  Kluwer Academic Publishers, 2000
  신상품 확산 모형과 관련 모형 소개

- 유필화 《가격정책론》 박영사, 2001
  가격과 수요의 관계를 설명하는 다양한 모형 소개

주요 예측 방법

일반적 수요예측

- 회귀분석모형 : 종속변수와 설명변수 간의 관계가 선형으로 이루어진 가장 일반적인 분석
  모형이다. $Y = a + b*X1 + c*X2$에서 a,b,c를 통계적으로 찾아준다.
- 시계열모형 : 시간의 흐름 순으로 정리된 데이터를 자신의 과거를 이용하여 설명하는 모형
  이다. ARIMA(p,d,q), AR(p), MA(q)로 표현한다. p, d, q는 0, 1, 2,… 의 값을 취한다. 예를
  들어 AR(1)은 $y(t) = a + b*y(t-1)$로 직전 값을 가지고 이번 경우를 설명하는 데 사용하며, a,
  b를 통계적으로 찾을 수 있다.
- 비선형회귀모형 : 회귀분석모형은 변수들이 덧셈으로 연결되어 있는데, 이 모형은 변수끼

리 곱해져 있거나 나누어져 있다.

- ARIMAX 모형 : 시계열모형에 다른 변수(종속변수의 과거 값이 아닌)를 추가로 사용하는 방법이다.
- 벡터자기회귀모형(Vector Autoregression Model) : 벡터자기회귀모형자신의 과거뿐만 아니라 다른 변수의 과거를 이용하여 여러 종속변수를 설명한다.
- Cobb-Douglas Model : '생산함수'로 불리며, 여러 변수의 무차별한 관계를 표현하기 위해 곱해진 모형이다.

점유율, 신용도 평가

- Logit Model : 0, 1, 즉 성공과 실패, 승리와 패배, 부도 예측을 위해 사용하는 모형이다.
- Logistic Regression Model : 점유율처럼 0~1사이의 값을 예측하는 데 사용하는 모형이다.

신상품 수요예측

- New-Product Diffusion Model : 배스(Bass)확산모형으로 가장 널리 사용되는 신상품 수요예측 방법이다.
- Generalized Diffusion Model : 배스(Bass)확산모형이 다른 변수를 사용할 수 없으므로 마케팅 활동이나 가격 또는 광고 변수를 사용할 수 있도록 모형을 수정한 것이다.

정수(integer)값

- Poisson Regression, Negative Binomial Model : 예측하려고 하는 목표변수의 값이 0, 1, 2, 3,… 과 같이 정수인 경우에 사용한다. 야구에서 한 게임의 홈런 수 등을 예측하기에 적합한 모형이다

참고문헌 ▸ ▸ ▸

Frank M. Bass 'A new product growth model for consumer durables' Management
Science, January 15, p.215–227, 1969

Kyoung Cheon Cha, Duk Bin Jun, Amy R. Wilson, Young Sun Park 'Managing
and modeling the price reduction effect in mobile telecommunications traffic'
Telecommunications Policy, Volume 32, Issue 7, August, p.468~479, 2008

Paul E. Green and Yoram J. Wind 'New Ways to Measure Consumers' Judgments'
Harvard Business Review, 53, p.107~17, 1975

Ronald A. Howard 'Decision Analysis: Practice and Promise' Management Science, Vol.
34, No. 6, June, p.679~695, 1988

Duk Bin Jun, Jungki Kim, Myoung Hwan Park, Kyoung Cheon Cha 'Modeling patronage
shift to a new entrant for predicting disproportionate losses for incumbent outlets'
International Journal of Forecasting, Volume 28, p.660~678, 2012

Andrew J. Tatem, Carlos A. Guerra, Peter M. Atkinson, Simon I. Hay 'Momentous sprint
at the 2156 Olympics?' Nature, v431, Sept. 30, p.525, 2004

신영식, 차경천 '제휴카드 할인 프로그램이 외식업의 수익성에 미치는 영향' 한국마케팅저널,
제12권, 4호, p.55~78, 2011

차경천 '국제 유가 변동이 주유소 휘발유 가격에 미치는 Rockets & Feathers 현상' 소비자문제
연구, 제41호, p.67~82, 2012